活教育课程故事丛书　主编 张俊

与儿童共构课程

编写人员（按姓氏笔画排列）

叶屏屏　田　浦　朱　娇　刘云娣　杨　柳　吴松龄　何　可
陈佳妮　林　琳　柳　倩　姜佳佳　曹　颖　颜　安

江蘇鳳凰教育出版社
Phoenix Education Publishing, Ltd

丛书序

“活教育”的灵魂是追随儿童的心灵

80年前，我国著名的教育家陈鹤琴先生在江西省泰和县创办了我国第一所公立的幼稚师范学校，后来又设立了幼稚园等机构。同时他提出了“活教育”思想。“活教育”的目的论是“做人，做中国人，做现代中国人”，具体的目标是要有健全的身体、创造的能力、服务的精神、合作的态度和世界的眼光；“活教育”的课程论是“大自然、大社会都是活教材”；“活教育”的方法论是“做中学，做中教，做中求进步”。时至今日，陈鹤琴的“活教育”思想仍然是指导幼儿园教育和课程建设的重要思想，并且在中国的大地上生根、开花、结果。

80年后，一所以陈鹤琴先生的名字命名的幼儿园在南京顺利运行着。南京市鹤琴幼儿园是陈鹤琴工作并领导过的南京师范大学学前教育专业的实验幼儿园，它的办园宗旨就是弘扬并发展陈鹤琴教育思想。创立这所幼儿园的目的就是传承陈鹤琴思想的基因，用陈鹤琴教育思想去解决幼儿园教育的现实问题，用陈鹤琴的典型教育思想引导我国正在改革和发展中的学前教育实践，同时努力建立以陈鹤琴教育思想为实践导向的培训体系，在深入的研究和实践中进一步探寻学前教育的中国理论和中国道路，并形成中国自信。南京市鹤琴幼儿园的追求是：做陈鹤琴教育思想的实践典范，做落实《3—6岁儿童学习与发展指南》的楷模，做生活化、游戏化幼儿园课程的实验场，做教师专业成长的摇篮，做学前教育实践策略和理论的培育基地，做世界先进学前教育理论和实践的交融场，做儿童美好童年的维护所。

幼儿园开创阶段的关键工作就是虚心学习、开放接纳、勇敢探索、积极思考、努力创新、勤于反思及主动建构。南京市鹤琴幼儿园所有的教师都吸纳了陈鹤琴教育思想，尤其是融入了“活教育”思想不断繁衍和生长的历史脉络，真正成为历史的经历者，他们将自己的青春和这所幼儿园交融在一起，将陈鹤琴教育思想与自己的工作交融在一起，将自己的专业成长与孩子的发展交融在一起，他们必将成为幼儿园发展历史和陈鹤琴教育思想发展历史的经历者和创造者。

40 多年来，南京师范大学学前教育专业一直坚持不懈地研究陈鹤琴教育思想，主导成立了江苏省陈鹤琴教育思想研究会，在弘扬陈鹤琴教育思想方面取得了明显的成效。南京市鹤琴幼儿园自开办以来，一直贯彻陈鹤琴的教育思想，尤其是“活教育”思想，它被作为幼儿园课程建设的指导思想。

本书中呈现的课程故事，真正体现了大自然、大社会都是活教材，充分体现了“活教育”的灵魂——努力追随儿童的心灵，关注儿童的兴趣和需要，注重儿童的天性，关注儿童的生活。在这些故事中，幼儿园课程生动活泼，儿童真正成了学习的主人，教师的鼓励和支持作用适宜有效，教师与儿童之间相互呼应和支撑，陈鹤琴的教育思想在这样的课程实践中得到了自然的延伸和积极的创新。

中国有世界上最庞大的学前教育体系，中国的学前教育对世界学前教育甚至人类的未来都具有重大的影响。中国也有在世界上颇具影响力的陈鹤琴教育思想，它将在实践中得到发扬光大。南京市鹤琴幼儿园是实践陈鹤琴教育思想的典范，相信它会在建设我国高质量学前教育体系的进程中取得更大的成绩！

虞永平

主编序

与儿童共构课程

毋庸置疑，课程建设是幼儿园的一项中心工作。南京市鹤琴幼儿园在创园之初，同样面临着课程建设的任务。回顾这几年的课程建设历程，我们深知“理念先行”的必要性。只有搞清楚为什么出发，才不致迷失方向。

幼儿园课程具有不同于中小学校课程的特质。陈鹤琴先生的“活教育”思想对于我们把握幼儿园课程的特质具有重要的引领作用。我们的课程建设始终坚持“活教育”理念，在领会“活课程”内涵的同时，努力建构“活课程”的实践样态。

一、“活课程”活在哪里？

与其说“活课程”是陈鹤琴“活教育”思想引领下的课程样态，不如说它是幼儿园课程应有的模样。幼儿阶段的学习不是学科性的，而是经验性的。幼儿园的课程并不像中小学的那样依据各个学科的课程标准和教科书来开展，而是要通过儿童的直接经验，也就是儿童与周围物质环境、社会环境的互动来实现，与他们所生活的环境——“大自然”“大社会”密切相连。

陈鹤琴先生特别强调教育要密切联系生活，激发儿童的活力。由此，我们认为“活课程”应具有在地性和生成性的特点。

所谓在地性，是指幼儿园课程应贴近儿童的生活环境，应该是他们熟悉的、可感知的内容。陈鹤琴曾尖锐地批评依赖教科书的教育：“把一本教科书摊开来，遮住了儿童的两只眼睛，儿童所看见的世界，不过是一本6寸高、8寸阔的书本世界而已。”他明确提出：“大自然、大社会都是活教材。”这些观点提醒我们，幼儿园不宜采用统一的教材，也无需统一的教材。不同地方、不同幼儿园的儿童，他们的生活环境有异，生活经验有别，但只要充分利用环境中的资源，组织、优化儿童的经验，都可以促进儿童的全面发展。

所谓生成性，是指幼儿园课程要抓住生活中出现的教育机会，回应儿童即时的兴趣和需要。二十多年前，随着瑞吉欧的“项目活动”被介绍到我国，生成课程的理念开始广泛传播。其实，早在一百年前陈鹤琴先生就已做了相关研究。项目活动源自杜威的学生克伯屈，又译作“设计教学法”。陈鹤琴在研究中发现，不做预设、完全追随儿童兴趣的课程是不可行的，他由此提出课程要有计划，但也要根据实际情况灵活调整，也就是在预设的基础上生成。预设体现了教师的教育意图，而生成则是为了让教师的意图在真实的教育场景中得到更有效的实现。

幼儿园课程的在地性确保儿童通过直接经验来学习，符合这一年龄阶段儿童的学习特点。而课程的生成性则关照了儿童的兴趣和需要，让儿童参与到课程中，成为课程的共同建构者，也让课程真正活起来。

二、“活课程”建构之路

南京市鹤琴幼儿园的课程建设不是从零开始的，而是带着思想出发的。我们将“关注生活、看见儿童”八个字作为课程的基本理念，并将其深植于年轻教师心中。活的课程来自生活，也通过生活来开展。当教师摆脱了固定教材的束缚、跳出唯集体教学的思维，就会发现一个新的世界。他们投入到与儿童的共同生活中去，看见儿童的兴趣、问题和需要，并给予回应和支持，这就是课程。教师的回应可以是即时的，也可以是延迟的；可以是随机的，也可以是正式的；可以是集体的，也可以是个别的。当教育渗透到生活之中，那全部生活就都具有了教育意义，“一日活动皆课程”的理念也就真正得到了落实。

课程理念的澄清让年轻教师拥有了明确的目标。正如一位新教师所说：“即使我现在还做不到那么好，但我心里很清楚，好的教育应该是什么样的。”

在澄清理念、形成共识的同时，我们在创园伊始就坚持班本化的课程实施原则。实施班本化课程不是“为不同而不同”，而是为了让课程更贴近儿童、更贴近生活。同时，班本化课程也赋予教师充分的课程自主权，激发教师的创造性实践。当课程有了足够的弹性和留白，教师就不再执着于忠实实施预设的课程，而是和儿童乃至家长一起共同建构课程。

从课程执行者到共同建构者的角色转变，对教师特别是年轻教师来说是挑战，也是成长的途径。与传统课程实施过程中教师的掌控感和确定性不同，班本化课程实施过程中充满了未知和不确定性。这是一场冒险之旅，更是一场惊喜之旅。当教师基于对儿童兴趣、经验和需要的了解，确定课程开展的方向，随时根据观察、反馈来评估课程效果并加以调整，他们的课程敏感性、课程意识、课程实施与反思能力都得到了明显提升，并开始享受这样的创生过程。有一位教师在教研分享中自发地感慨：“我再也不会担心主题走不下去啦，因为在过程中孩子一定会有各种问题，也一定会给我们惊喜！”

在课程的建构过程中，我们坚持一切从实际出发，反对好高骛远，也避免非此即彼的简单化思维。在课程内容的选择上，我们参考成熟的课程蓝本，但不是简单地照搬照抄，而是根据本园、本班儿童的实际情况和需要，加以取舍或改编。在课程的实施过程中，我们既不是统一步调，也不是放任自流。我们充分发挥同年级组教师的集体智慧，让大家相互启发、"抱团取暖"，同时鼓励每个班级的教师独立思考和自主决定，把目光放在本班儿童身上，真正做到和儿童共同建构课程。

三、课程故事与课程建构

我们认为，幼儿园的课程建构绝不只是形成一个课程方案文本，它应该包括相辅相成的两方面任务：方案文本的完善和实施质量的提升。一个完善的课程方案，既要建立在对课程价值和结构要素理性思考的基础上，又要让它在实践中得到不断的检验和丰富，就好比人的身体，不仅要骨骼健全，还要有血有肉，更重要的是，身体还需要新陈代谢才能保持活力。如果说制定了课程方案就万事大吉、一劳永逸了，那这样的课程也就失去了生命力。所以，课程建构的真正意义在于其有效实施，在于其持续运行，在于其推陈出新。

诚然，课程故事无法呈现课程建构的全部工作。课程故事本质上只是对课程的叙述，它无法反映诸如建立目标体系、选择课程内容等系统化工作。它对于课程建构的贡献在于记录了课程实施过程中的生动细节。这些细节可以帮助我们检验课程目标是否有效达成。更有价值的是，这些细节是独特的、不可重复的。当我们越来越看重课程的生成性，我们就会认识到这些课程故事的价值，它们是课程方案文本的必要补充和生动阐释。尽管这些故事不可能在后续的课程中被完全复刻，但教师在课程中的思考必定能启发后续的实践者，成为他们未来课程实践的铺路石。

本书收集的课程故事记录了南京市鹤琴幼儿园的教师们近几年课程实践的片段，向我们展示了“活课程”生成的多种可能——它可能是由日常生活中的

偶发事件生成的（如《在春天里，遇见小蜗牛》），也可能是从教师预设的活动中生成的（如《我们的运动会》）；可能生成了一个完整的主题（如《田老师的草坪婚礼》），也可能是教师预设主题下生成的一个活动（如《丢三落四大王》）——无论是怎样的生成课程，我们都可以从中看到教师与儿童共构课程的历程。只要做到贴近儿童的真实生活、激发儿童主动参与的兴趣，幼儿园课程就“活”起来了。

张 俊

2024 年 3 月 11 日

目录

小班

中班

大班

从汽车王国到地铁之旅

小四班　何可

孩子们满怀兴趣地趴在地铁线路图上，找到对应颜色的即时贴，用它们给不同的线路标记颜色。在这个过程中，孩子们发展了手眼协调能力，培养了耐心和细心，并且体验了合作的快乐。

汽车王国

进入“汽车”主题后，孩子们经常主动讨论与汽车有关的话题。一天，小熊说：“我想把我的汽车玩具带到幼儿园来玩。”这引起了其他小朋友的热烈回应：“我家里有好多汽车。”“我要给你们看看我最酷的汽车。”“那我们的教室就变成一个汽车王国啦！”

汽车乱停怎么办？

之后，孩子们陆陆续续从家里带来了各种各样的玩具汽车，教室的柜子上、地面上，摆满了汽车，他们心目中的“汽车王国”初具规模。但是每天游戏过后，小汽车都被随手堆在桌子和柜子上。甜甜说：“我们的汽车王国真乱啊，变成汽车垃圾堆了。”为了改变凌乱的环境，老师和孩子们进行了讨论。

老师：“你们家里的小汽车都是怎么停放的？”

小熊：“停在地下车库的车位里。”

老师：“你们觉得我们的小汽车应该怎样停放呢？”

甜甜：“应该停整齐。”

泡泡：“可以画个停车位，必须停在线里。”

芊芊：“我们家的停车位上还有数字。”

老师：“停车位上的数字代表什么？”

芊芊：“数字是车牌号码，别的车不能停。”

西米：“我们也可以在停车位上写上车牌号。”

老师：“如果遇到不会写的数字怎么办？”

小熊：“那就像拼图玩具一样，贴图形（指图形标记）。”

洋洋：“可以贴点子。”

老师：“贴上这些标记以后，小车该怎样停呢？”

辰析：“只能停在和它标记一样的停车位上，不然就罚款。”

根据讨论的结果，老师和孩子们一起给班上的每辆玩具汽车都划定了“停车位”，并给车位和相应的汽车贴上了相同的标记。在确定标记时，我们选择从颜色、形状、数量三个维度进行区分，如托马斯小火车的标记是 4 个粉色的圆点贴纸，黄色小号挖掘机的标记是 5 个白色的方块贴纸。孩子们每次玩过汽车后都需要认真核对标记，将汽车停放在对应的停车位上，如果有人放错了位置，其他孩子还会帮助他纠正。这样不仅解决了汽车玩具乱放的实际问题，也锻炼了孩子们的观察能力和计数能力。

图 1　玩具汽车停车场

图 2　按标记停放好的玩具汽车

我们做汽车吧！

解决了汽车停放的问题，班级里又恢复了整齐有序的样子，但孩子们对“汽车王国”又有了新的想法。一天，在区域游戏时间，芊芊过来问：“老师，你有盒子吗?”“你想要盒子做什么?”老师问。“我想做一辆小汽车送给萱萱。”芊芊回答。旁边的西米搭话说：“我也想做一辆汽车送给我的好朋友。”洋洋也来了兴致：“我们做汽车吧，让汽车王国有更多汽车。”老师想这是个好主意，孩子们通过自己制作汽车玩具，不仅可以进一步了解汽车的结构，还能动手动脑，促进自身多方面的发展。于是老师发动家长收集了许多不同大小和形状的纸盒，供孩子们制作汽车。

在制作汽车前，老师和孩子们对汽车的基本结构进行了讨论。

西米：“汽车有大大的身体。”

老师：“可以用什么材料来当汽车的身体？”

西米：“我想用鞋盒子，它方方正正的，跟汽车长得一样。”

辰析：“我要用饼干盒做消防车，它们都是红色的。”

老师：“汽车还有什么？”

洋洋：“有车轮、车灯。”

老师：“车轮是什么样子的？”

小熊：“圆圆的，中间是空的。”

泡泡：“就跟甜甜圈一样。”

木耳：“可以滚来滚去。”

老师：“什么材料可以滚来滚去、当作车轮呢？”

小熊：“铃鼓。”（边说边指了指桌上的铃鼓。）

筱欧：“我想不到了。”

甜甜：“我们找一找吧！”

孩子们在教室里找来找去，不断地尝试，看哪种材料可以滚起来。嘟嘟拿起平时常玩的雪花片，试着让它在桌子上滚起来，可总是刚松手雪花片就倒了。嘟嘟没有放弃，经过多次尝试，雪花片“咻”的一下从桌面上滚了下去，嘟嘟开心地拍起手来：“滚起来啦！滚起来啦！”西米想起了教室里的百宝箱，在箱子里翻翻找找，不一会儿就找到了能滚的材料——卷纸芯。几个孩子看到了，也过来跟西米一起在百宝箱里翻找起来。最终，孩子们找到了卷纸芯、油泥盒子、纸杯、笔筒、胶带、圆柱体积木、圆木片等多种材料。哪些适合用来制作汽车的车轮呢？孩子们又进行了筛选，看看哪些滚得更顺畅，之后就带着各自选中的材料开始动手制作。制作汽车的过程中，孩子们还学会了使用双面胶、泡沫胶和糨糊，制作好的汽车还真像那么回事！

但在玩这些自制小汽车的时候，有孩子发现了问题。

嘟嘟："我的车轮滚不起来。"

小熊："轮子被胶粘住了。"

洋洋："我爸爸的汽车轮子不是粘在车上的。"

西米："我的汽车玩具（的轮子）中间有棍子。"

芊芊："我的也有。轮子穿在棍子上面，就像糖葫芦。"

嘟嘟："我要找根棍子，把我的车轮也穿上去。"

图 3　孩子们制作的玩具车

老师："什么可以当穿轮子的棍子呢？"

小熊："筷子。"

洋洋："细细的铁丝。"

在给轮子穿棍子的过程中，孩子们还遇到了穿不进去的问题，老师帮助他们给轮子打了孔，协助他们完成了制作。看到车轮能滚动了，孩子们高兴地欢呼起来。

之后，孩子们对能滚动的材料产生了浓厚的兴趣，不仅继续在教室里寻找能够滚来滚去的材料，户外锻炼时也在探索和发现。

西米："球可以滚。"

嘟嘟："呼啦圈滚起来啦。"

朵朵："哑铃也可以滚。"

甜甜："我的飞盘落在地上的时候也滚了一下。"

洋洋欣喜地告诉我："老师，我也会滚呀！"说完，他双手抱腿在地垫上滚了一圈，把老师和小朋友们都逗乐了。

通过这次寻找“轮子”制作汽车的经历，孩子们开始主动关注身边事物的形状，并有意识地探究物体的特性，这为他们的科学探究意识和能力的发展埋下了一粒种子。

汽车不能乱开！

随着“汽车王国”的“建立”，玩“开汽车”游戏的孩子越来越多，导致小汽车时不时会碰在一起。“我们的汽车不能乱开呀！”又一次“撞车事故”后，洋洋大声说。“乱开就会撞在一起。”小熊接着说。老师听到后问：“汽车应该开在哪里？”孩子们立刻回应：“马路上。”“那我们来搭马路吧！”“建构区有积木，我们去建构区搭吧。”于是几个孩子拿着长条形的积木开始搭建“马路”。

因为在主题活动的过程中孩子们欣赏过关于各种各样的马路的图片，并且有用桌面玩具搭建“马路”的经验，因此，他们用积木搭建的“马路”很快就初具雏形并投入使用。但在游戏过程中孩子们又遇到了其他问题——

歆然：“拱门太低了，大一点的车就卡住了，钻不过去了。”

小熊：“把拱门变高一点。”

老师：“怎么变高？”

小熊：“我在拱门下面加两块积木，（它）就变高了。”

航航：“车子开到高架桥就要跳上去，下桥时还要跳下来。”

老师：“汽车会跳吗？”

洋洋：“我的战车当然可以跳啦！”

老师接着问：“我们平时在马路上看到的车有跳的功能吗？”

大家哈哈大笑起来，都摇着头说没有。

老师：“不会跳的车子要怎样开上高架桥呢？”

辰析：“我知道，要有上坡和下坡，车才能开上去。”

老师：“斜坡可以用什么样的积木来搭？怎么搭呢？”

甜甜先来试一试。她从积木筐中拿出一块长条形积木，把它倾斜着摆放在了桥面和地面之间，但她手一松，积木就掉了下来。

“我可以让它不倒。”航航自告奋勇道。只见他在桥面下多加了一个圆柱形积木做桥墩，这样桥面的两端就各有一个桥墩承重，桥体稳固了许多。然后他将原先用作桥面的积木换成一块硬纸板，最后将两块长条积木分别压在桥面两端当作连接地面的斜坡，桥果然没有再倒。小朋友们为他鼓起了掌。

经过这次讨论，孩子们继续搭建马路时不仅能够有意识地发现问题，还能尝试用不同的方法去解决问题，比如将几块小的条形积木填在路与路之间的断开处，将多个拱门组合在一起做成隧道，等等。

图 4　给拱门加高

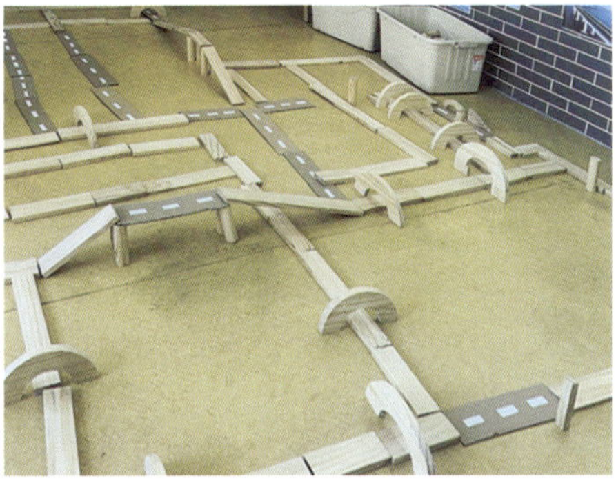

图 5　给桥铺设斜坡

过了几天，一辆大大的消防车想开上马路，却被卡在了入口处。航航说：“我们的马路太窄了，大车过不去。”悠悠提出：“再加一块（积木），把马路变宽吧。”两块积木拼在一起，马路变宽了一些，可是消防车巨大的车身仍然无法通过。“那就再加一块。”悠悠把三块积木并排摆放，这下大车总算能开上去了。于是孩子们便用这样的方法继续将前面的马路加宽。可是搭着搭着，积木不够用了，航航找来几块纸板铺在地上，但这样马路就不平整了，有的地方高，有的地方低。悠悠从隔壁班级借来了几块积木，可还是远远不够。

图 6　给马路加宽

老师一直在一旁默默观察，看到孩子们一筹莫展，便提示道："马路两边有什么呢？"孩子们答："护栏。""如果想要把马路变宽，那护栏需要怎么搭建？""让（两边的）护栏离得远一点。"于是，孩子们立马着手把马路两边的护栏拉远了。但他们又疑惑了：想要铺平中间的马路，岂不是需要更多的积木？突然，有孩子产生了新的想法："我们把中间的积木拿走吧。"对啊，有了护栏，汽车可以直接走在护栏中间，就不需要再铺路面了。几个孩子撤走原先铺在地上的积木，用它们继续延长护栏，这样积木就够用了，而且马路又宽又平，不仅消防车能够顺利通过，还能两辆车并行呢！

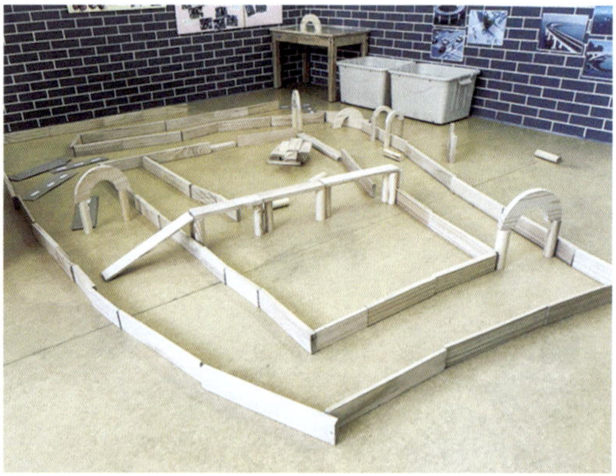

图 7　拓宽后的马路

地铁之旅

地铁是不是车？

在“汽车”主题中，“车”自然成了孩子们最感兴趣的话题。一天晨间谈话时，有个孩子说自己乘坐了地铁，问老师：“地铁是不是车呢？”老师觉得这是一个值得讨论的好问题，因此又把它抛给了孩子们。孩子们针对这个问题进行了激烈的讨论，有的说地铁是车，有的说不是，双方争执不下，于是我们顺势展开了一场关于“地铁是不是车”的辩论。

正方观点：地铁是车

支持人数：13 人

正方发言——

辰析：“地铁有许多轮子，是车。”

思洋：“地铁还有驾驶室呢！”

甜甜：“地铁有椅子和扶手，和公交车一样。”

泡泡：“地铁上有很多乘客，可以把乘客送到（他们）想去的地方，就是车呀。”

歆然：“地铁开在轨道上，肯定是车。”

小满：“地铁有一节节车厢，和火车一样。”

正方小结：地铁有轮子，有驾驶室，有和火车一样的一节节车厢，还有和公交车一样的座椅和扶手，它开在轨道上，还能把乘客送到（他们）想去的地方，所以地铁是车。

反方观点：地铁不是车

支持人数：10 人

反方发言——

筱欧：“车应该开在马路上，（所以）地铁不是车。”

航航：“我没看见地铁的轮子，没有轮子就不是车。”

馨馨：“地铁有很多很多门，不是车。”

盈盈：“地铁不是车，因为它比马路上的车要长很多很多。”

反方小结：地铁有许多门，很长，开在地底下，还没有轮子，所以地铁不是车。

但是反方的观点再次遭到正方的反驳。辰析表示爸爸开着小汽车带他和妈妈去奶奶家时，每次都会经过一个在地面下的隧道，说明车也可以开在地底下。泡泡则表示火车是车，并且也有许多门。经过这一番辨析，孩子们发现了主要的问题所在：地铁到底有没有轮子？

辰析：“就看地铁有没有轮子了。”

思洋：“没有轮子就不是车。”

其他孩子纷纷应和：“对！有车轮就是车，没车轮不算车。”

老师：“你们乘坐地铁的时候，有没有看到地铁的车轮？”

小美：“看见了，有好多好多个。”

筱欧：“没有车轮，我根本没有看见车轮。”

老师：“有人看见了，有人没看见，怎么办呢？”

孩子们决定周末去地铁站一探究竟：“周末再去看一看吧！我要仔细看一看！”

确定地铁是车

周末，家长带着孩子们，孩子们带着问题，纷纷去地铁站进行了实地观察。周一上午，孩子们迫不及待地交流起了他们的发现。

甜甜：“轨道里黑漆漆的，我什么都没看见。”

洋洋：“我看到了车轮。”

甜甜：“在哪儿看到的？”

洋洋：“有一个地铁站，地铁开到地面上来，我看到了车轮。”

泡泡："我在油坊桥地铁站看到的，我画下来了。"说着泡泡展示了自己画的地铁，画面上特意用蓝色画笔画出了一排长长的车轮。

筱欧："有个地铁站，地铁开在很高的地方，我也看到了轮子。"

图 8　洋洋在观察开到地面上的地铁

图 9　泡泡画的地铁

之后，老师也出示了能看到车轮的地铁照片，实地考察时没看到地铁车轮的孩子们终于相信地铁有轮子了，大家达成了"地铁是车"的共识。

"但车一定有轮子吗？"为了丰富孩子们的经验，我提出了这个问题。有的孩子歪着脑袋仔细思索，有的孩子说："车肯定有轮子啊。""没有轮子，车怎么跑起来呢？"这时，老师播放了一段提前准备好的磁悬浮列车开动的视频，孩子们看完后吃惊地瞪大了眼睛："磁悬浮列车没有轮子，可是它跑起来了。""没有轮子，它为什么会跑呢？"考虑到孩子们的理解能力有限，老师简单解释道："它是靠磁铁的磁性跑动起来的，这就需要我们以后慢慢去了解啦。"相信这也在孩子们心中埋下了一颗好奇的种子，它将在合适的条件下萌发。

制作地铁玩具

确定了地铁是车之后，洋洋说："我们的汽车王国里没有地铁。"有孩子提议说："我们用纸盒子做地铁吧。"于是几个孩子开始在美工区尝试制作"地铁"。

甜甜将几个细细长长的牙膏盒首尾相接连在一起，笑着说：“我的地铁好长啊。”旁边的西米看了看说：“可是地铁的车厢一样大，你的（地铁的车厢）不一样（大）啊。”甜甜思考片刻，然后把几个牙膏盒并排放在一起比了比，挑出其中一样长的牙膏盒用来制作。其他小朋友吸取了教训，也都选择了相似长度的纸盒子来制作。制作完成后，他们向全班小朋友展示了自己的作品。孩子们热情地对汽车王国的新成员表示了欢迎，但也有小朋友提出了自己的想法。

小熊：“你们的地铁只有一个车头，可是我看到地铁有两个车头呀。”

筱欧：“地铁掉头的时候只需要换个车头行驶就行了。”

朵朵：“你们的地铁上要有个标志。”

悠悠：“我在地铁站看到了（标志），妈妈说是一朵梅花。”

老师：“梅花是南京的市花，看到这个标志就知道是南京地铁。”

看来孩子们通过实地考察和讨论获得了更多关于地铁的认识。几位小朋友也虚心接受了同伴们的建议，甜甜表示：“我可以在我的地铁上画上梅花的标志。”

图 10　制作地铁玩具

后来，这些地铁模型也成了“开汽车”游戏的材料，但地铁不能在普通的马路上行驶，孩子们便又根据老师提供的地铁轨道照片，为地铁搭建了轨道、设置了地铁站，还根据航航的建议，在地铁站里添置了椅子。在这个过程中，孩子们综合运用自己各方面的经验，获得了多方面的发展。

制作地铁线路图

在上次的实地考察中，孩子们不仅观察了地铁有没有轮子，还体验了用自助售票机买票，认识了地铁票，体验了过安检，还了解了一些乘坐地铁的规定和礼仪，如不能在地铁上吃东西，地铁到站后要“先下后上”，等等，收获都很多。

其中，歆然的一个发现引发了大家的关注。歆然和妈妈一起记录了她们的地铁探访之旅：“早上从雨润大街出发，乘坐地铁 2 号线，2 号线是红色的。到大行宫站，换乘 3 号线，3 号线是绿色的。再到鸡鸣寺站，换乘 4 号线，4 号线是紫色的。4 号线坐一站就来到了鼓楼站，在这里乘坐 1 号线，1 号线是蓝色的。到安德门站后乘坐 10 号线，10 号线是黄色的。”

图 11　歆然的地铁之旅

看来歆然和妈妈特意探访了南京的多条地铁线路，家长的这份用心让老师深受感动。针对南京不同线路地铁的不同颜色，其他小朋友也有话说。

筱欧：“我也发现了，地铁的颜色都不一样。”

小熊：“地铁里椅子的颜色也不一样。”

思齐：“我看到蓝色就知道是 1 号线。”

航航：“我想要地铁线路图，把它放在我们的地铁站里。”

老师：“我有南京地铁线路图的图片，你们可以看着画一幅。”

孩子们看了看表示：“太难了，我不会画。”

筱欧："老师，你帮我们画吧。"

老师想了想说："我可以帮你们，但也需要你们的帮助。"

接着老师用黑色的记号笔画了一幅南京地铁线路图，然后展示给孩子们："你们觉得这样可以吗？"

孩子们说："没有颜色，我就不知道（分别）是几号线了。"

"那怎么办呢？"老师把这个问题抛出来，让孩子们自己想办法。

思齐："我有蜡笔，可以涂上颜色。"

老师请思齐试一试，他便拿着蓝色的蜡笔找到 1 号线，尝试涂色，但很快发现蜡笔的颜色盖不住记号笔的黑色。

这时小满说："用好多颜色的纸贴上去吧。"

经过追问，我们理解了小满所说的"好多颜色的纸"是班级美工区的彩色即时贴。即时贴颜色多，而且细细长长的，确实适合用来贴线路图。

于是，老师把打印出来的彩色的南京地铁线路图，和用黑色记号笔画出的线路图，都贴在了地面上，孩子们便满怀兴趣地趴在上面，找到对应颜色的即时贴，用它们给不同的线路标记颜色。在这个过程中，孩子们发展了手眼协调能力，培养了耐心和细心，并且体验了合作的快乐。

图 12　用彩色即时贴为不同的地铁线路标记颜色

感悟与反思

1. 真实的问题能够引发幼儿的探究，提高幼儿解决问题的能力

从汽车王国到地铁之旅，孩子们从生活经验中发现需要探究的问题，然后基于真实的问题寻找解决办法，又基于已有经验生成新的活动。对车的了解和喜爱让他们经常主动讨论有关车的话题，从中引出了“汽车王国的车怎么停？”“汽车应该在哪里开？”“地铁是不是车？”等一系列真实的问题。这些问题来源于孩子们的游戏和生活，因此他们的好奇心和求知欲十分强烈，解决问题的内驱力十足，这是他们能深入探究的根本原因。

而在探究过程中，孩子们解决问题的能力也在逐步提高。遇到问题时，他们运用已有的生活经验进行讨论和分析，在身边寻找合适的材料并通过动手操作解决问题；当遇到自己无法解决的问题时愿意向我求助，并在我的支持下不断尝试。不仅如此，他们还在家长的陪同下来到地铁站进行实践调查，并和大家分享调查结果。尤其让我感到意外的是，孩子们主动提出制作地铁线路图，虽然他们在看到复杂的线路图后也表示“不会画”，但他们并没有就此放弃，而是在我的协助下，在他们手部精细动作发育还不完善的情况下，挑战用即时贴标记路线的颜色。在前期一次次解决问题的过程中，孩子们已经逐步建立起自信心，对他们来说，最大的快乐就是体验到自己的成长和能力的提高。

2. 努力做个会提问题的老师

时光倒流到七年前，刚参加工作的我总是接不住孩子的话，更不知道该在什么时候向孩子提问，以及提什么样的问题能够支持孩子的进一步探究和发展。“汽车”主题实施过程中，我经常记录和梳理自己和孩子们的对话，并思考怎样回应和提问可以给予他们更好的支持。渐渐地，我和孩子们之间的“抛接球”越来越自然。

经历了这次由孩子们主导的生成课程，我更加意识到老师的提问要“适

时”。当孩子们对制作汽车玩具产生兴趣时，我适时提问：“什么材料可以滚来滚去、当作车轮呢？”以这样的问题来激发孩子的兴趣、拓宽孩子的思路、推动课程的发展。

孩子们的表现还让我意识到，老师的提问要“适当”。当孩子们想要改变“汽车王国”乱停乱放的现状时，我提问“你们家里的小汽车都是怎么停放的？”适当的问题一下子就调动起孩子们已有的生活经验，引导孩子们在已有经验的基础上思考解决问题的方法。

回顾和孩子们一起走过的路，我们一直都在和孩子一起学习、一起进步，这是一条开满鲜花、结满果实的路，我们愿意放慢脚步，和孩子们一起继续走下去。

专家点评

在教师与儿童共同建构课程的过程中，起决定作用的是教师。通常情况下，儿童并没有多少对课程的决定权。尽管他们有很多关于周围世界的问题，也抱有积极的态度，但都有赖于教师的“看见”，才能将这些转化为幼儿真实的学习经历。

如果把儿童的问题和兴趣比作有待点燃的火苗，那小班儿童的火苗则更加微弱，更有赖于教师的教育敏感性和支持策略。教师需要关注儿童的问题点、兴趣点，还需要对其进行甄别，在判断其教育价值的同时，更要思考如何让自己的回应方式符合小班儿童的年龄特点。

在这个案例中，当儿童发现车轮不能转动而想制作能转动的轮子时，教师考虑到这个任务可能超出了幼儿的能力范围，于是采用启发式提问和直接帮助的方式，不仅让儿童体验到成功的快乐，还激发了他们对滚动现象的兴趣。当儿童玩“开汽车”游戏出现混乱情况时，教师促使儿童迁移已有的经验，鼓励他们搭建“马路”。而当儿童争论“地铁是不是车”的时候，教师则是把问题交给儿童，帮助他们建立自己对“车”的定义。

我们可以看到，教师在观察的基础上，敏感地抓住了儿童的问题，并采用了多样化的策略：有的指向儿童已有经验的链接与迁移，有的指向实际操作与发现，有的指向调查与讨论，也有的指向直接帮助和告知。这些策略都有效地支持了儿童的学习。

南京师范大学　张俊

在春天里，遇见小蜗牛

小二班　田浦

“小蜗牛不见啦！”科科看着空空的盘子大声说。

谷粒说：“我告诉你哦，顺着黏液（的痕迹）就能找到小蜗牛。”

2022年春天，因为新冠疫情的影响，幼儿园直到4月25日才开学，还好春天还没有离开，幼儿园里春色满园，生机盎然，我们总算是赶上了春天的尾巴，一些小小的美好也在幼儿园里酝酿着……

你好，小蜗牛

4月26日早上的晨间锻炼时间，我看到几个孩子围着高老师兴高采烈地讨论着什么，于是上前一探究竟。看到我过来，科科兴奋地对我说："田老师，朗朗的哥哥送给我们班一只小蜗牛！"朗朗也笑着说："是我哥哥送的。"高老师临时从别的班借了一个透明的小盒子，把小蜗牛放在了里面。

回到教室后，小朋友们围在小蜗牛周围，一双双眼睛眨巴眨巴，紧紧地盯着小蜗牛看个不停。一会儿工夫，小蜗牛就爬到了盒子外面，伸出了长长的触角。孩子们围在一起讨论起来。

"这是朗朗的哥哥送给我们班的。"

"我在书上见到过小蜗牛。"

"你们看，我的手碰到它的触角，（触角）就会缩进去。"

"它怎么不掉下来呢？"

"朗朗的哥哥是在哪里找到小蜗牛的呢？我也想找一只。"

……

图1　小朋友们围在桌边看小蜗牛

越来越多的小朋友围了过来，此起彼伏的"我看不见了！"回荡在教室里，大家都想要看一看小蜗牛。因为小盒子太小了，小蜗牛一会儿就爬出来了，之后小蜗牛被转移到了一个大一些的盘子里。

区域游戏的时候，王老师在美术区用超轻黏土做了一只小蜗牛。好多小朋友被吸引了过来，大家纷纷投入到黏土蜗牛的制作中。先把黏土搓成圆球，再搓成长长的条，然后盘成棒棒糖的形状，蜗牛的壳就做好了，这个操作对小朋友们来说并不难，但制作触角的时候，“小蜗牛们”就呈现出千姿百态，有的蜗牛触角非常长，有的又特别短，有的有四个触角，有的是两个触角，有的没有眼睛，有的虽然有眼睛，但明显“长”错了地方……看来小朋友们对小蜗牛的外部特征还不太了解。

集体活动的时候，我们本来计划着和小朋友们聊一聊居家期间的生活。看到小朋友们对小蜗牛如此感兴趣，我们决定临时调整内容，就结合孩子们当下的兴趣，和他们聊一聊与小蜗牛有关的事情。

关于小蜗牛，小朋友们已经知道了什么？还有什么想知道的？围绕这两个问题，我们进行了讨论和记录。

关于小蜗牛，小朋友们已经知道：

1. 小蜗牛爬过的地方，会有黏液和水，湿湿的。

2. 小蜗牛会缩到壳里。

3. 朗朗的哥哥是在幼儿园小山坡的墙边发现的小蜗牛。

4. 下雨后，小蜗牛就出现了。

关于小蜗牛，小朋友们还想知道：

1. 小蜗牛有眼睛吗？眼睛在哪儿？长什么样子？

2. 小蜗牛的肚子里有什么？

3. 小蜗牛的家在哪儿？在壳里？在泥土里？

4. 小蜗牛走路为什么一拱一拱的？为什么小蜗牛走路那么慢？

5. 小蜗牛吃什么？吃苹果吗？吃菜吗？吃肉吗？

图 2　关于小蜗牛的讨论记录

关于这些问题，我们没有直接给小朋友们答案，而是希望小朋友们在接下来和小蜗牛的相处与互动中，慢慢通过观察和探索寻找答案。

小蜗牛失踪事件

这天中午，带着对小蜗牛的喜欢和好奇，小朋友们开始了甜甜的午睡。科科在床上翻来覆去的，隔一会儿就抬头看一下小蜗牛的方向。“我有点想看看小蜗牛。”科科对老师说。老师安抚科科，和他约定起床后立刻去看小蜗牛，他才安静下来，渐渐进入了梦乡。

临近小朋友们起床的时间，老师突然发现，盘子里没有了小蜗牛的踪影，它爬出了盘子，爬到了桌角上。老师没有把小蜗牛拿回盘子里，而是当作什么事情也没发生，期待小朋友们的发现和反应。起床音乐响起，科科腾的一下从床上坐起来：“我猜小蜗牛一定爬到盘子外面了！”说着他就下了床，跑到桌子前，很快喊起来：“小蜗牛真的不见啦！”好几个小朋友也围了过来，大家东看看西看看，寻找小蜗牛的踪迹。“找到啦，我就看这里湿湿

图 3　科科找到了小蜗牛

图 4　小蜗牛和黑色的分泌物

的。”科科最先看到了小蜗牛，“这一定是小蜗牛拉的便便（粪便）。”他指着小蜗牛身边一些黑色的东西说。听到这句话，有的女孩子一边捂着鼻子，一边凑过来仔细察看。“也有可能不是便便，是小蜗牛的宝宝呢。”球球反驳了科科的观点。大家觉得他们两个说得都有道理，那这些黑黑的东西到底是什么呢？……小蜗牛缩在壳里休息了，科科把它重新放回了盘子里。

第二天，晨间锻炼结束回到教室后，科科第一时间就去看小蜗牛。“小蜗牛不见啦！”科科看着空空的盘子大声说。其他小朋友都在吃点心，面对小蜗牛的再一次失踪，他们呈现出不同的状态：有的小朋友仍然很专心地吃着点心，小蜗牛不见了显然没有影响到他们；有的小朋友急得点心都不吃了，围着桌子找起来。科科气鼓鼓地推测：“一定是教室的门没关好，小蜗牛跑出去

图 5　小蜗牛不在盘子里

图 6　小蜗牛爬到了圆桶上

图 7　大家围在一起看小蜗牛

图 8　给小蜗牛喷喷水

了！”还有的小朋友也很关心小蜗牛，但是淡定了很多，一边吃着点心，一边说：“不要着急，肯定有线索。”谷粒说：“我告诉你哦，顺着黏液（的痕迹）就能找到小蜗牛。”不一会儿，大家在盘子旁边一个放纸屑的小圆桶上发现了小蜗牛。失而复得，小朋友们更加喜欢小蜗牛，吃完点心又围着小蜗牛看个不停。

小朋友们放学后，因为教室要消毒，老师就把装着小蜗牛的盘子放在了教室外面，并用一个带孔的筐子罩住了小蜗牛。第三天早上，萱萱是第一个进班的小朋友，她一进教室就径直走向原来放小蜗牛的桌子去看小蜗牛，发现小蜗牛和盘子都不在桌上后，她在教室里转了一圈，还是没找到，这才走到老师面前轻轻说：“小蜗牛不见了。”这时，朗朗也到了，他也是直接走到桌子前想去看小蜗牛，萱萱告诉朗朗：“小蜗牛不见了。”两个孩子商量了一下，便去教室外面找起来，最终在筐子上发现了小蜗牛。虽然不像科科那样明显地表现出对小蜗牛的喜欢，但萱萱和朗朗也在用自己的方式默默地关心着小蜗牛。

图 9　朗朗和萱萱在观察小蜗牛

从小蜗牛的三次“失踪”事件中，我们看到了小朋友的不同反应，也看到了他们不同的情绪表现：对小蜗牛会爬出盘子的担心，发现小蜗牛不见后的着急，认为根据黏液痕迹一定能找到小蜗牛的淡定，失而复得的开心……我们不仅要“看见”情绪反应明显的小朋友，也要“看见”那些默默关心着小蜗牛的小朋友。

了解蜗牛朋友

经历了小蜗牛的三次“失踪”，小朋友们都知道了小蜗牛虽然爬得慢，但还是一不留神就会不见了。他们也有了一些新的疑惑，发现了一些新的问题，比如小蜗牛身边黑色的东西是什么？是小蜗牛的便便还是小蜗牛的宝宝呢？小蜗牛有黏液，黏液是从哪里来的呢？有什么作用呢？我们觉得是时候和小朋友们一起深入地了解一下蜗牛了！

当我们问及小朋友怎样才能知道这些问题的答案时，小朋友们提到可以回家问一问自己的爸爸妈妈，可以一起看书、上网查找资料，还可以去问一问幼儿园的聂伯伯。这恰好也是一个将家长“卷入”课程中，请家长陪伴小朋友们一起探索和发现的时机。于是我们将这段时间收集的小朋友们关于小蜗牛的问题分享给了家长，鼓励家长在周末和孩子一起查资料，并用多种形式呈现孩子们探索学习的成果。

后面几天我们陆续收到了孩子们的探索成果。桃子和洛洛用调查小报的方式，和大家分享了小蜗牛的外形特征，原来小蜗牛的眼睛长在长触角的顶端，它还有一对短触角，短触角上有鼻子，可以闻气味。小蜗牛的嘴巴长在短触角的下方，它的嘴巴里有一万颗以上的牙齿。小蜗牛的壳里有很重要的东西，它的心脏和其他很多器官都在里面，硬硬的壳保护着它们。小蜗牛走路一拱一拱的，因为小蜗牛是软体动物，依靠肌肉蠕动产生摩擦力，帮助自己向前进。小蜗牛的黏液可以帮助它爬行、保护它的肚子，还能防止它从物体表面掉下来。小蜗牛喜欢潮湿的环境。

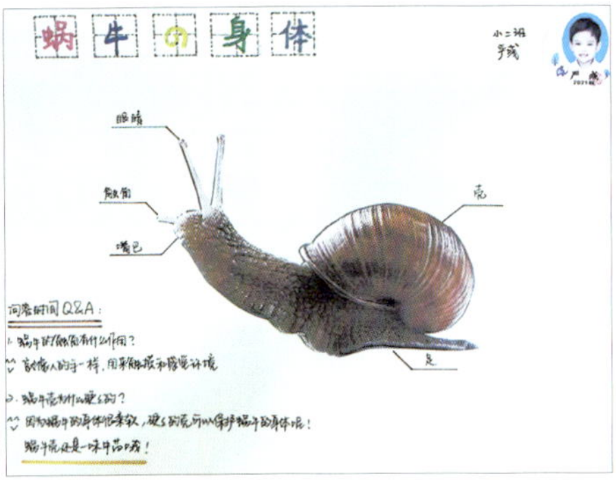

图10　洛洛的“蜗牛调查小报”

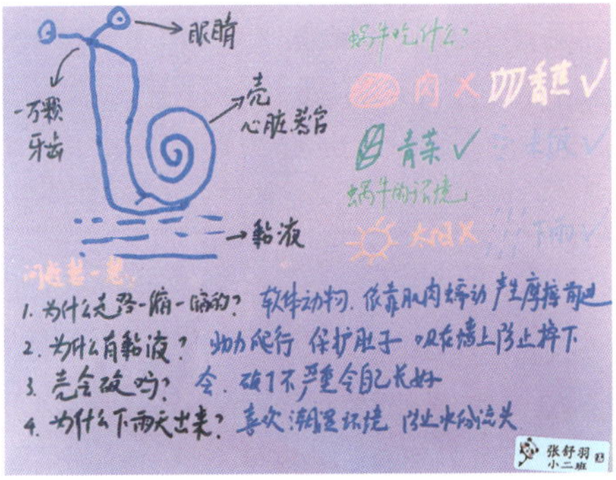

图11　桃子的“蜗牛调查小报”

阿秋用视频的形式给大家讲了一个和小蜗牛有关的科普故事。新宝虽然生病在家，但他也用视频的方式和大家分享了自己的调查：小蜗牛喜欢吃菜叶子、苹果皮……此外，小朋友们还带来了很多和小蜗牛有关的书。大家继续通过阅读书籍了解蜗牛朋友的“秘密”，之前的疑问也一一得到了解答。

图 12　老师分享有关小蜗牛的图画书

图 13　小朋友通过自主阅读了解小蜗牛

随着对蜗牛朋友进一步的了解，小朋友们对小蜗牛的兴趣不减反增，“小蜗牛”渐渐渗透到了小朋友们的一日生活当中，除了理性的认识，还有感性的表达：区域游戏的时候，孩子们会主动到语言区阅读和小蜗牛有关的书；他们制作立体的黏土蜗牛时越来越得心应手，还会特意表现出蜗牛的眼睛；户外锻炼的时候，他们会从桑树上摘下桑葚给小蜗牛吃；玩羊角球的时候，他们把羊角球背在自己的背上，假装自己是小蜗牛；玩手指游戏的时候，他们一只手握成拳头，另一只手伸出食指和中指，组合在一起，做出小蜗牛的样子；他们还尝试画螺旋线，表现蜗牛的壳，再用黏土表现它的头和身体，做出可爱的小蜗牛，最后编出美好的故事；科学区里，他们拿着放大镜，一遍一遍仔仔细细地观察着小蜗牛；午睡前的睡前故事也和小蜗牛有关；起床时，小朋友们也听着关于小蜗牛的歌曲开心起床；散步时，大家会一起念《蜗牛出门》儿歌，“蜗牛出去串门子，背着一间小屋子……”小朋友们清脆动听的声音回荡在幼儿园里。

图 14　小朋友们的蜗牛作品

图 15　阿泽把羊角球背在背后扮演蜗牛

突如其来的蜗牛大家族

在研究小蜗牛的过程中，我们班的蜗牛队伍也在逐渐壮大。小朋友们每天都期待到小菜地、小山坡上去找蜗牛。我们也经常在小菜地的菜叶上、湿漉漉的围墙边发现小蜗牛，小朋友们会小心翼翼地将小蜗牛带回教室。

一天，老师在户外娃娃家的屋顶上发现了两只蜗牛，可是两只小蜗牛都缩在壳里，一动不动，干巴巴的样子，不知道是不是还活着。老师没有直接把两只小蜗牛拿下来，而是在带着小朋友们到户外活动的时候，请他们到娃娃家的柜子里拿材料，先来的桃子和小七果然发现了这两只小蜗牛。“啊，这里竟然有蜗牛！”桃子惊讶地说。对蜗牛最感兴趣的科科闻言，马上赶了过来：“真的吗？真的吗？”他把小蜗牛轻轻地拿下来，又从地上捡了几片树叶，把两只小蜗牛放在上面，过了一会儿，两只小蜗牛就伸着长长的触角探出头来。“我就说它们没死吧！”科科一脸得意地说道。小蜗牛家族又加入了两位新成员。

图 16　小朋友们发现了小蜗牛

图 17　小蜗牛还活着

第二天，我正带着孩子们在沙坑里玩沙，中一班的几个男孩拎着一个白色的塑料袋跑过来对我说：“老师，你们班还要蜗牛吗？这些蜗牛送给你们。”中一班的余老师跟过来解释道：“我们班今天收菜，在菜叶底下发现很多蜗牛，我想到你们班正好在研究蜗牛，让这些小蜗牛和你们班的蜗牛住一起吧!”我打开塑料袋，只见里面绿色的大叶子上密密麻麻爬着七八只大大小小的蜗牛。突如其来的蜗牛大家族让我们班小朋友很兴奋，在向中一班的哥哥们道谢后，我们收下了这份特殊的礼物。

图 18　中一班送的蜗牛

回班后，小朋友们发现，原先放小蜗牛的盘子根本住不下这么多蜗牛，食物也不够了，我们急需给小蜗牛布置一个新家。小蜗牛的新家需要什么呢？科科说：“我在谷粒带来的那本书里看到过，小蜗牛喜欢湿的地方。”科科的话引起了大家的讨论，小朋友们七嘴八舌地说着：“小蜗牛喜欢吃桑葚，上次就吃了。”“我从书上看到小蜗牛还吃菜叶呢!”“妈妈和我说小蜗牛很干就会死掉的。”“那我们可以倒点水啊!”……

大家知道小蜗牛的家要潮湿，还要给小蜗牛准备吃的，但具体要怎么操作呢？小朋友们犯了难。这时老师提醒道：“你们之前不是说可以问聂伯伯有关小蜗牛的事情吗？”小朋友们立刻表示要去咨询一下我们的“养殖顾问”聂伯伯。于是老师带着一支小分队，在幼儿园大门口的花圃边找到了聂师傅。“聂伯伯，小蜗牛能吃什么呢？”“聂伯伯，小蜗牛住的地方需要什么呀？”……聂伯伯蹲下来，耐心地为小朋友们一一解答，老师则在一旁帮忙记录。

图 19　小朋友们咨询聂伯伯

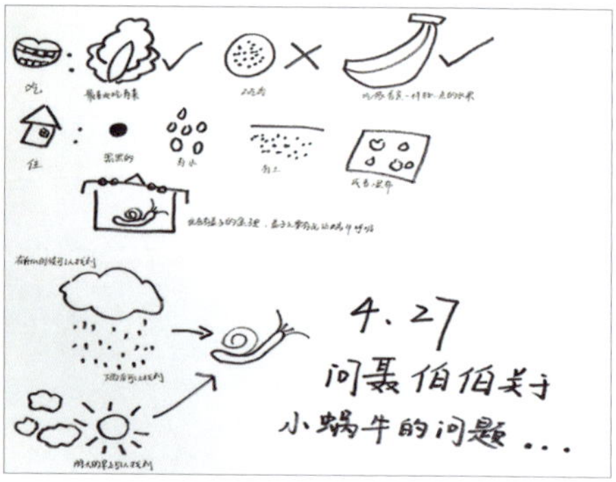

图 20　记录聂伯伯的回答

小分队带着聂伯伯的回答开开心心地回到了教室并和大家分享。聂伯伯说小蜗牛最喜欢吃青菜，不吃肉，可以吃像香蕉一样软的水果。小蜗牛可以住在有盖子的盒子里，但盖子上要有孔，让小蜗牛呼吸。小蜗牛住的地方要黑黑的，要潮湿，可以利用潮湿的泥土或者湿布来实现这样的条件。按照聂伯伯的指导，小朋友们找来一个塑料箱，又从小菜地里挖了很多湿泥土放进去，准备好之后，科科和乐乐就将小蜗牛一个个放进了它们的新家里。糖果拿着小喷壶，轻轻地给小蜗牛喷了喷水，酸酸将摘来的桑葚放进盒子里给小蜗牛吃，谷粒找来一个盖子给小蜗牛的家盖上……小蜗牛们终于舒舒服服地住到新家里了，小朋友们也继续关注着蜗牛大家族，给它们喷水、喂食，拿着放大镜观察小蜗牛的一举一动，还会在记录本上用绘画的方式记录自己的发现。

图 21　蜗牛大家族住进新家

图 22　给小蜗牛喷水

图 23　给小蜗牛喂香蕉

图 24　观察小蜗牛

图 25　记录小蜗牛

小蜗牛的五一假期

五一假期即将到来，老师们犯了愁，小蜗牛可怎么办呢？我们决定把问题抛给孩子们，听一听他们的想法。

老师："马上就要到五一假期了，我们都放假了，小蜗牛怎么办呢？"

乐乐："可以让聂伯伯照顾呀！"

老师："聂伯伯也要放假，也不在幼儿园呀。"

桃子："那就让老师带回家吧！"

老师："这是你们养的小蜗牛，为什么让老师带回家呀？"

谷粒："那就让小朋友们带回家吧！"

听到可以带小蜗牛回家，小朋友们都兴奋起来，争先恐后地说："我来带小蜗牛回家！"

科科站起来说："我是'蜗牛大王'，我知道怎么照顾小蜗牛，还是我带小蜗牛回家吧！"

这段时间，科科一直对小蜗牛表现出极大的兴趣和关注，也知道很多别的小朋友还不知道的有关小蜗牛的知识，在班级里被称为"蜗牛大王"。因此，科科这么一说，大家都表示赞同，毕竟没有人比"蜗牛大王"更懂得怎么照顾蜗牛了。

假期结束后，科科迫不及待地和大家分享了自己这几天照顾小蜗牛的经历和发现：回家的第一晚，科科给小蜗牛们喂了苹果皮；5 月 1 日这一天，科科发现小蜗牛们在吃苹果皮，苹果皮上留下了长长的被啃食的印子；5 月 2 日，小蜗牛吃饱了就跑到盖子上休息了；5 月 3 日，科科给小蜗牛们喂了白菜，他把白菜撕得碎碎的，方便小蜗牛吃；5 月 4 日，科科发现苹果皮上的肉和在幼儿园喂的桑葚都被小蜗牛吃光了；5 月 5 号，科科和妈妈一起用纸做了小蜗牛。小朋友们看到小蜗牛被照顾得很好，纷纷夸赞科科，“蜗牛大王”果然名副其实！

图 26　科科给蜗牛喂了苹果皮

图 27　科科在观察蜗牛啃苹果皮

图 28　把白菜掰碎喂给蜗牛吃

图 29　桑葚和苹果皮上的肉被吃光了

其他小朋友也利用五一假期继续探索了有关小蜗牛的知识：小蜗牛还喜欢吃米饭；小蜗牛的肚子里（蜗牛壳的底部）什么都没有；黑色的东西就是小蜗牛的便便，它吃了什么颜色的东西，就会拉出什么颜色的便便。那小蜗牛的宝宝是什么样的呢？小朋友说他们在书上看到了一颗颗白白的圆球，那就是小蜗牛的宝宝。老师从网上搜索了关于蜗牛产卵的视频，请小朋友一起观看，大家终于直观地了解到，原来蜗牛是从“脖子”的位置生宝宝的，一次会生出很多很多的蜗牛蛋（卵），蜗牛宝宝会把蛋壳弄碎并从里面爬出来，刚出生的小蜗牛，壳是透明的，它们会把自己的蛋壳吃掉，让背上的壳变得更加坚硬。小朋友们觉得很神奇，而这些内容老师之前也不知道，在和孩子们一起探索的过程中，老师也在成长！

龟蜗赛跑

班里的新宝小朋友因为生病一直没有入园，但是他在家里也一直跟随着大家探索小蜗牛的步伐，新宝的妈妈经常和我们分享新宝的探索发现。新宝妈妈说，新宝最开始认识小蜗牛是通过《蜗牛与黄鹂鸟》这首歌，新宝对“一步一步往上爬”这个描述很感兴趣，还提出了“蜗牛慢还是乌龟慢”这个问题。老师将新宝的问题讲给了班上的其他小朋友听，恰好小朋友们在午睡前听了《蜗牛的日记》这本书里的一篇故事，里面提到“蜗牛最害怕的事情，是和蚂蚁比爬树，和蚂蚱比跳高，和乌龟比赛跑”。结合着新宝的问题以及故事的内容，小朋友们一下子来了兴趣：到底是乌龟爬得慢，还是蜗牛爬得慢呢？正好我们班上的饲养角里喂养着小乌龟，科科和乐乐建议让小乌龟和小蜗牛来一场真正的比赛。

比赛之前，我们请大家先猜一猜谁爬得快。

桃子：“小蜗牛一缩一缩的，哪有乌龟快。”

球球：“好像乌龟也会一缩一缩的，缩到它的壳里，变成一个‘大壳’，滚起来，这样就快了。”

谷粒："小乌龟的壳比蜗牛的壳重。"

阿泽："乌龟跑得快，因为它有四只脚。"

科科："蜗牛没有脚。"

优优："乌龟、蜗牛一样快。"

……

老师发起了投票，小蜗牛获得了 15 票，小乌龟获得了 12 票。之后，我们在地上设置了起点和终点，甜甜还贴心地在地上洒一些水，这样小蜗牛就不会因为太干而死掉了。比赛开始，科科和小虫分别帮助两位参赛选手——小蜗牛和小乌龟就位，小乌龟不一会儿就探出头来开始爬，虽然小乌龟基本是到处乱爬，但还是很快就爬过了终点。小蜗牛却一直待在原地，一动不动，毫无疑问，小乌龟胜出了！

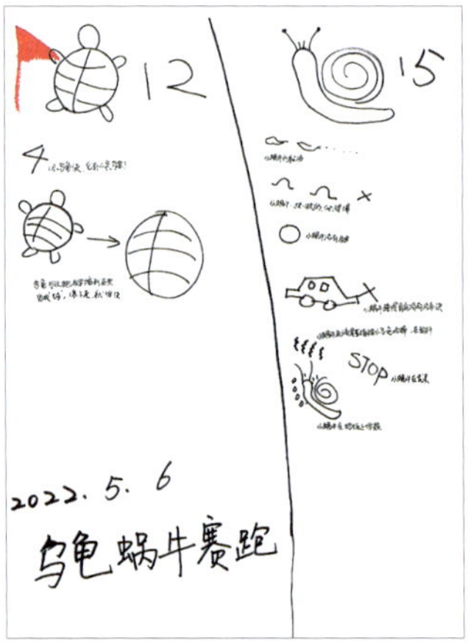

图 30　关于赛跑结果的猜测

图 31　比赛开始

老师："蜗牛为什么不动呢？"

小朋友们："害怕，害怕乌龟吃掉它，它有点发抖。"

芝麻："小蜗牛可能在发呆。"

老师："为什么蜗牛在自己家里爬得快，在外面爬得慢呢？"

科科："因为在家里有朋友。"

谷粒："它在家里有朋友，在外面就没有朋友了。"

孩子们从自己的角度出发，对小蜗牛的表现作出了合理化的解释，我觉得这也是孩子们运用同理心认识世界、认识自己的过程，对他们来说都是有意义的。之后，我们大家把比赛现场发生的事情和比赛结果分享给了新宝，让新宝和我们一起感受探索的快乐。

小蜗牛，再见！

南京的春天正在悄悄地离开，天气渐渐炎热起来，考虑到盒子里非常闷热，可能对小蜗牛来说并不舒适，老师便提醒小朋友们：天气越来越热，小蜗牛会不会不喜欢住在盒子里了呢？小蜗牛的家究竟在哪儿？它们会不会想家了呢？有的小朋友质疑："外面也很热啊，小蜗牛在外面会被晒死的！"大家都有自己的理由。小蜗牛究竟该何去何从呢？我们决定一起去问问聂伯伯。聂伯伯说小蜗牛喜欢待在大自然里，虽然现在很热，但小蜗牛会自己找个地方躲起来，等到下过雨之后再出来。听了聂伯伯的话，小朋友们明白了，小蜗牛应该更喜欢大自然。于是，我们决定将小蜗牛放回大自然。散步的时候，孩子们带上小蜗牛，将它们放在了菜叶上、菜叶底下、围墙边……小蜗牛们全部回家啦！

感谢小蜗牛陪伴我们度过了这个美好的春天，小朋友们的生活也因为小蜗牛的到来变得丰富多彩。亲爱的小蜗牛，我们都非常了解你啦，下一次再见面的时候，我们还会好好照顾你们！

感悟与反思

1. 保持"松弛感"，在自然而然中持续探究

作为老师，在跟随小朋友们的兴趣进行探索时，我们也一直在思考：这个年龄阶段的幼儿对蜗牛的科学探究究竟要到什么程度？我们该如何把控呢？但当小朋友们的注意力全部都被小蜗牛吸引的时候，答案仿佛自己就跑出来了：小朋友们当下的兴趣和需要是最珍贵的，在这种情况下，改变原本预设的活动有何不可呢？就沉浸于此，围绕小蜗牛一起讨论吧！当他们关于小蜗牛的问题越来越多时，我们也不必急于给他们答案，而是思考如何支持他们在与小蜗牛的相处中，自发地去观察、探究。对于小班幼儿来说，他们喜欢小蜗牛，对小蜗牛感兴趣，愿意去观察、发现小蜗牛的明显特征，能够提出自己的疑问，用自己的方式表达对于小蜗牛的认识和情感，就足够了。

与小朋友们一起探究蜗牛的过程让我感受到，科学探究的结果固然重要，但是享受探究的过程，多一点自在、灵活和松弛感也很重要，我们和孩子们循着共同的生活节奏慢慢地向前走，让孩子们保持对探究活动的兴趣，保持对大自然的好奇心和探究欲才是更重要的，不必急于“跑步”到达所谓的“终点”。

2. 保留“事故现场”，大胆地把问题留给孩子

在探究小蜗牛的过程中，小蜗牛的一举一动都牵动着孩子们的心。在小蜗牛的三次“失踪”事件中，我们虽然都发现了小蜗牛的踪影，但是我们没有直接把小蜗牛找回来，而是有意维护“事故现场”，让小朋友们来直接面对这些“事故”。小朋友们发现小蜗牛失踪后的不同情绪和表现、通过爬行痕迹找到小蜗牛之后的开心和自豪，都让默默观察的我们加深了对孩子们的了解，感受到了他们的成长。在寻找小蜗牛的过程中，小朋友们也逐渐感受到自己对小蜗牛的情感，这也让他们对小蜗牛生发出持续不断的探索兴趣。通过一系列事件，我们更清晰地认识到，放手让孩子去面对问题、解决问题，绝不是一种偷懒，反而是老师在经过认真考量后作出的教育决策，是助力孩子成长的有效途径。

专家点评

当一只鲜活的小蜗牛来到小二班，一场关于蜗牛的探究与学习自然而然地发生了。在找蜗牛、识蜗牛、养蜗牛、放蜗牛等一系列活动中，教师并不急于向幼儿传授关于蜗牛的科学知识，也没有刻意去设计幼儿的学习体验，而是尽可能地放慢脚步，始终尊重幼儿的兴趣，用心观察幼儿的行为，倾听和记录幼儿的想法和对话，创设机会让幼儿验证他们关于蜗牛的种种猜测。

活动中，教师为幼儿提供了开放的探究环境，从蜗牛在室内的临时栖息地到室外的自然栖息地，实现了幼儿学习场所的灵活转换。在与蜗牛的互动中，幼儿锻炼了调查、观察、表达、提问的技能。与此同时，教师注重科学探究活动中的人际交往，鼓励幼儿与家长共同查阅资料、与同伴交流和分享自己的发现。随着时间的推移，幼儿对蜗牛的观察更加聚焦，他们也能更熟练地使用词汇来交流彼此的想法。

此外，教师鼓励幼儿通过绘画和黏土手工来表现和记录他们眼中的蜗牛。丰富的材料和开放的环境为幼儿的表达提供了多样化的选择。而通过比较活动前后幼儿的作品，教师可以了解幼儿关于蜗牛的已有知识与经验，并思考如何拓展他们的学习。

更加值得一提的是，在这一系列的探究活动和游戏中，幼儿在与蜗牛的接触过程中一直表现出放松与舒适的状态，这是幼儿建立对蜗牛的认识和理解的先决条件。在教师的观察记录中，我们看到小二班幼儿温柔而善良地对待身边的小动物和植物，并在活动接近尾声时将蜗牛放回大自然，这体现了幼儿对自然世界的欣赏与爱护，也折射出教师的可持续发展教育理念。

南京师范大学　陶莹

爸爸和我一起玩

小二班　柳倩

在家长开放日活动前，全班小朋友都画下了自己想请爸爸帮忙实现的心愿。小朋友们的心愿都很简单朴素，大多数都是想爸爸陪自己玩游戏、看动画片、泡温泉或者游泳等。

发现问题：爸爸去哪儿了？

小班下学期，我们开展了“我爱我家”的主题活动。为了了解幼儿对“家”的已有经验，老师对小朋友们进行了随机采访——“家是什么？”

跳跳：“家是和妈妈一起吃饭、休息的地方呀！”

哈哈：“家是玩玩具的地方！”

陶陶：“家是妈妈陪我玩游戏的地方！”

硕硕：“家就是加号！”

苹果：“家是妈妈化妆的地方！”

安安：“家是我们的国家！”

一一：“家就是妈妈！”

……

在小朋友们的回答中，高频词是“妈妈”，且孩子们聊起和妈妈的趣事时可谓是滔滔不绝，能说出妈妈的长相、爱好、喜欢陪自己做什么事、在哪里工作等。但与此同时，老师产生了疑惑，在孩子们的眼中，爸爸去哪儿了？

尝试解决：爸爸本领大！

孩子们表达中“爸爸”的缺失，让我们意识到这是一个问题，或许也是一个课程的生长点。于是，我们抓住这个契机，设置了一些有关“爸爸”的教学活动，如和孩子们一起阅读绘本《我爸爸》，一起学唱歌曲《爸爸本领大》等，想让小朋友们发现自己的爸爸有许多厉害的本领，唤起他们对爸爸的崇拜之情，从而让他们与爸爸建立更深的情感联结。

接着，我又在家长群里“苦口婆心”地宣讲一些理论研究的结论，告诉家长们爸爸这个角色在孩子成长中的重要性，不断地呼吁爸爸们多进行高质量的亲子陪伴。很多爸爸在群里积极回应，表示收到和认同，妈妈们更是纷纷为这一倡议点赞。

自那以后，来接孩子的爸爸变多了，且朋友圈里爸爸带着孩子外出游玩的动态也越来越多，就在我以为爸爸在孩子们的游戏中不再“缺席”，以为家园沟通很有成效，并为此沾沾自喜的时候，却发现事情远没有我想象得那么简单……

这天，我给小朋友们组织了一次诗歌活动——“爸爸是个魔术师”，诗歌内容充满童趣且温馨：

我的爸爸是个魔术师，他会变！

有时候，他变成一座桥，我在桥下游。

有时候，他变成一座山，我在山上爬。

有时候，他又变成了起重机，把我举得好高好高。

爸爸累的时候就会变一列长火车，“呼噜呼噜”开到外婆家。

不过，你知道爸爸最喜欢变成什么吗？

对了，是大刺猬！爸爸的胡子就像刺猬身上的刺一样，会扎人！

在活动的最后，孩子们已经能很熟练地念诗歌了，但当我问孩子们“爸爸还会变成什么，和你玩什么游戏？”时，班里变得鸦雀无声，孩子们的脸上只有茫然。

我又从侧面“出击”：“那爸爸在家喜欢做什么呢？”

一位小朋友率先打破了宁静：“我爸爸喜欢玩手机！”这位小朋友的话似乎引起了其他小朋友的共鸣，大家纷纷“不留情面”地开始“揭露”爸爸在家的行为——“我爸爸喜欢躺在沙发上看电视！”“我爸爸特别懒，喜欢睡觉！”“我爸爸也是，他总是打呼！”“我爸爸喜欢打电脑！”“我爸爸爱工作！”……

那一刻我明白了，即使孩子们会背和爸爸有关的诗歌、会唱和爸爸有关的歌曲、会画爸爸的肖像画，但，又有什么用呢？“爸爸系列课程”实质上并没有真正改变小朋友对爸爸的印象。我和班组老师一起反思问题究竟出在哪里。讨论后，我们发现，这件事本质上并不是孩子的问题，我们不应该只让孩子去羡慕艺术或文学作品中的“完美爸爸”，而是要让爸爸真正走入孩子的内心，让爸爸们把自己的爱展现给孩子，并且让孩子真切地感受这份爱。

探寻根源：缺乏高质量的陪伴

其实从入园前的家访开始，我们就发现有些爸爸几乎从来没有露过面，接送孩子、家长会、家长半日开放活动时都没有见过这些爸爸的身影，他们总是“低调”地在家长群里“潜水”。

和来接孩子的妈妈们沟通后，我们了解到，有些爸爸因为工作太忙碌，陪伴孩子的时间少；有些爸爸则以为陪伴孩子只需要和孩子待在一起，保证孩子的安全就可以了，他们带孩子时通常会给孩子一些积木、图书或是播放几集动画片，自己则会利用这段时间休息或处理事务。很显然，这样的陪伴实质只是物理空间上的共处一室，完全达不到高质量陪伴的标准。

发现问题的根源后，我们又该如何跟爸爸们沟通育儿角色的分配问题呢？难道就强硬地布置任务，“居高临下”地告诉爸爸们要多陪伴孩子吗？这样显然是无用且不合适的。讨论后，我们认为，首先应该让班里的爸爸们自己发现问题的严重性，转变他们对父亲角色的认识。

孩子发声：爸爸像什么动物？

为了能真正地触动爸爸们，老师想到了一个办法，采访小朋友们——“你觉得爸爸像什么动物？”鼓励孩子发声，描述自己眼中的爸爸。

“我觉得爸爸像鳄鱼，因为他总是对我很凶！”

“我觉得爸爸像恐龙，因为他很高。”

“我觉得爸爸像考拉，因为他总是在睡觉。”

“我的爸爸像懒猪，因为他不是吃就是睡！”

“爸爸像蜜蜂，因为他很爱工作，很忙很忙很忙！”

……

孩子们的回答看起来搞笑、有趣，但确实反映出了爸爸们身上的一些问题，我们将采访视频分享到了家长群里。孩子们耿直的回答果然引起了一些爸爸的反思，一位爸爸还在朋友圈里发布了一条动态，表示“该反省了，爸爸最爱的不是工作，而是孩子你啊！”也有小朋友的爸爸看到视频后，主动和老师联系，说以后会多陪伴孩子，表示争取让孩子觉得爸爸是他最亲密的玩伴。还有的爸爸在班级群里分享了一些亲子趣味游戏，和那些同样不知道怎么陪伴孩子的爸爸们互勉，表示要积极学习如何“带娃”。

搭建支架：睡前爸爸电台

一些爸爸在经历了自我反省后，迫不及待地想要加入育儿行列，却向老师表示不知该做些什么。为了给爸爸们提供一个抓手和“技术支持”，老师们设计了“有声爸爸电台”活动，邀请爸爸们来为小朋友们讲故事。相信为孩子讲睡前故事是很多妈妈都驾轻就熟的一件事，这次我们要把爸爸们调动起来，邀请爸爸们“发声”，在宝贝们午休前，让爸爸们给他们讲一讲关于“家”“爸爸”“妈妈”等饱含了爱与温暖的故事。

之后，每天中午午休前，小朋友们躺在床上时，老师就会播放一期“有声爸爸电台”，让爸爸温暖浑厚的嗓音伴着孩子们甜甜地入睡。如果当天播放的是自己爸爸讲的故事，这位小朋友就会特别兴奋和骄傲：“今天是我爸爸讲的故事，他讲得可好了！”

教师也会将宝贝们听故事入睡的视频发在家长群里，同时进行有针对性的表扬，比如“这位爸爸故事选得很好”“这位爸爸讲述得非常生动”等，妈妈们也纷纷为爸爸们点赞。爸爸们之间互相“比拼”、学习，提交上来的故事音频越来越用心，有的还配上了好听的背景音乐，“有声爸爸电台”的故事内容和形式也越来越丰富了，爸爸们在高质量陪伴孩子的道路上向前迈了一大步。

遇到难题：“我爸爸怎么不给我讲故事？”

就在我们因为越来越多的爸爸加入班级课程而“喜不自禁”时，一个小朋友在午休前跑来问我们：“老师，我爸爸怎么没有给我讲故事啊？”我们才猛然发现这个孩子的爸爸仍然保持着一贯的沉默，并没有加入我们的“有声爸爸电台”，而且在日常教育中也没有与老师进行互动，没有更多地陪伴孩子。老师只好一边安慰他“可能爸爸正在找你最爱的故事，要好好准备呢！”一边私下想着该怎么和他爸爸进行沟通，线上沟通肯定不如面对面的交流来得更直接和有效。

就在我们想联系这位爸爸来幼儿园聊一聊时，这位小朋友的爸爸来接孩子了。于是，我们抓住机会委婉地表达了我们的疑惑。这位爸爸也很不好意思地表示，自己平时工作繁重，家里还有老大，确实忽略了对弟弟的陪伴，现在想陪伴却不知道小朋友喜欢什么类型的故事，不知道从何入手。

挖掘资源：图画书《爸爸和我一起玩》

这位爸爸提到的“不知从何入手陪伴孩子”的问题让我们老师又陷入了思考：只让爸爸用声音陪伴孩子或许还不够，怎么才能进一步拉近小朋友和爸爸的关系，让爸爸在家庭生活中更好地陪伴孩子呢？带着这个问题，我们在翻看图画书资源时，发现了一个“宝藏”——《爸爸和我一起玩》，里面描述了平日里无精打采的爸爸，突然想起了童年往事，童心大发，和孩子一起玩起了自己小时候玩过的游戏——钻栅栏、荡秋千、爬树、滋水枪……，让孩子发出了“我最喜欢爸爸了”的感叹。我和小朋友们共读这本绘本时，孩子们也开始好奇：自己的爸爸小时候玩过什么玩具呢？爸爸小时候是什么样子的呢？有多调皮呢？

我们顺势请小朋友回家后和爸爸聊一聊爸爸小时候的事情，找一找爸爸小时候的照片，并带来班级向其他小朋友介绍：

“原来爸爸也有这么小的时候啊！”

“豆豆长得好像豆豆爸爸小时候！”

“我的爸爸小时候很调皮，还会爬山、抓虫子。”

……

我们还将《爸爸和我一起玩》这本图画书推荐给了爸爸们，鼓励爸爸们趁周末的大好时光带孩子玩一玩自己小时候玩过的玩具和游戏，和孩子一起“寻找爸爸的童年”。

跳跳蛙、泡泡胶、挑挑棒、“东南西北”折纸、竹蜻蜓、套圈机、俄罗斯方块机、发条小鸡、风车、橡皮筋、滚铁环、毽子……越来越多的玩具被挖掘了出来，小朋友们纷纷表示爸爸们小时候的玩具可比现在的动画片有趣多了！在群相册里，我们也看到了周末爸爸陪孩子玩老鹰捉小鸡、叠罗汉、竹蜻蜓等。有心的爸爸还将一些玩具带到幼儿园，分享给全班的孩子，孩子们叽叽喳喳地边玩边讨论：

“老师、老师，你玩过滚铁环吗？我爸爸可厉害了！他可以把铁环滚很远很远！”

“这是爸爸小时候玩的铁皮青蛙，好像真的青蛙呀，太搞笑了！”

“挑挑棒也太难了吧！一不小心棒子就动了，但我爸爸就能很仔细（地玩），不会碰到。”

“我爸爸用泡泡胶给我吹了一个超级无敌大泡泡！”

“跑起来，风车就会转的，跑得越快，风车转得越快！”

“我们多叠一点‘东南西北’吧！可以画上不一样的任务。”

“爸爸小时候玩的陀螺真有趣，我也会自己做陀螺了，做陀螺的纸不能太薄。”

……

爸爸们带来的玩具越来越多，我们请小朋友们一起布置了一个“怀旧玩具博物馆”，还鼓励他们为玩具录制了介绍语音。

在游戏中，有学习和成长，更有爸爸的爱与温暖。“怀旧玩具博物馆”也成了小朋友们在教室里最爱的一方天地。

图 1　怀旧玩具博物馆

很多爸爸跟我们反馈共享怀旧游戏这个办法真的很有效，不仅拉近了自己和孩子的距离，还让孩子在这些游戏中有所成长和发展：孩子在叠“东南西北”的过程中，手部精细动作得到发展，有位爸爸说以前孩子连对折都不会，但因为喜欢叠“东南西北”，就反复尝试，折纸能力越来越强；在自制陀螺的过程中，孩子们会反复尝试怎么使陀螺转起来，哪种图案画在陀螺上转起来更好看，这让孩子的科学发现、艺术创造和表现能力都有所提升；有了“怀旧玩具博物馆”，孩子们现在对各种老玩具都如数家珍，在家中也会主动收纳、整理自己的玩具……

在一个阳光明媚、充盈着初春气息的周末，那位曾经因为爸爸没给自己讲故事而失落的小朋友，和爸爸一起在公园的草地上玩起了爸爸小时候的游戏，照片中小朋友和爸爸神似的笑脸让人动容，爸爸表示从来没有和孩子这么亲近、玩得这么开心过。陪孩子一起长大的过程，也是爸爸乘着时光机，回到自己童年时光的一段温暖而美好的旅程……

图 2　和爸爸一起捞蝌蚪

图 3　和爸爸一起玩竹蜻蜓

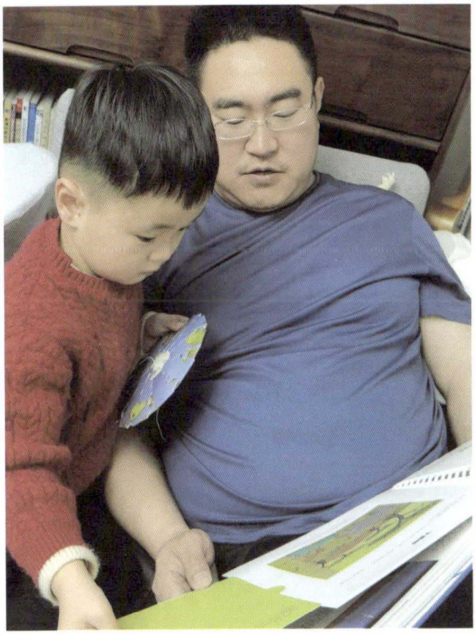

图 4　和爸爸一起看书

图 5　和爸爸一起坐旋转木马

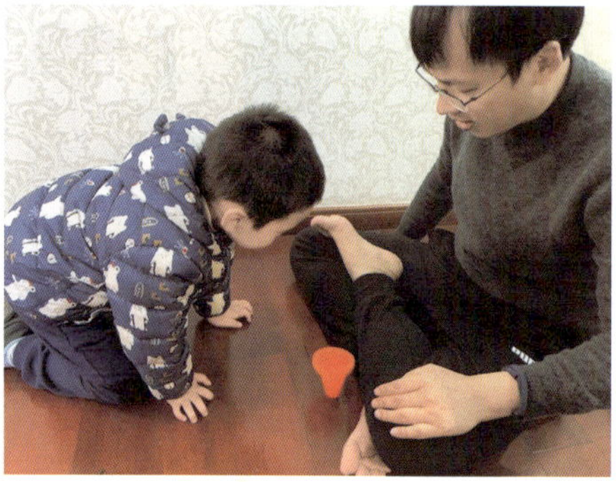

图 6　和爸爸一起转陀螺

图 7　爸爸教孩子玩发射球

慢慢地，小朋友们在幼儿园里越来越多地提到自己的爸爸。一天，一位小朋友对老师说自己的愿望是和爸爸学下棋。那其他小朋友想和爸爸一起做什么呢？老师想，不如让小朋友们把关于希望爸爸陪伴自己做什么事的心愿画下来，然后请爸爸们帮助孩子们实现心愿，以进一步增进亲子之间的感情。于是，在家长半日开放活动前，全班小朋友都画下了自己想请爸爸帮忙实现的心愿。小朋友们的心愿都很简单朴素，大多数都是想爸爸陪自己玩游戏、看动画片、泡温泉或者游泳等。

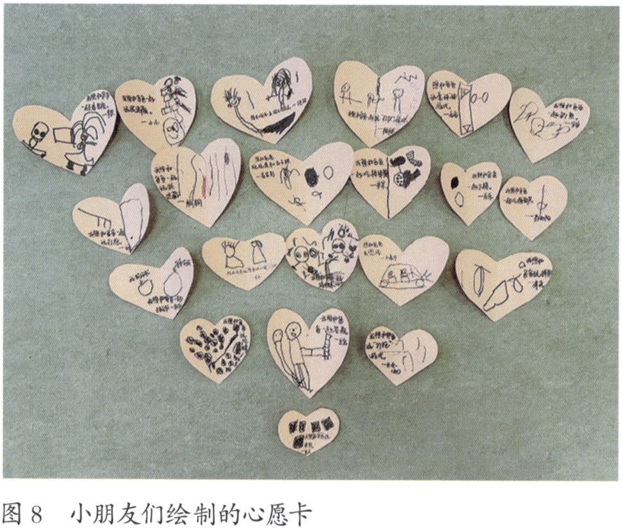

图 8　小朋友们绘制的心愿卡

引导表达：麦田里的守望者

三八妇女节当天，我们开展了一场特殊的家长会兼家长半日开放活动，为什么说是“特殊的”呢？因为这次我们邀请了班级里所有小朋友的爸爸前来参加，而请妈妈们在家休息或是外出享受过节的快乐。

我还记得上一次开家长会时发生的一幕——一个小朋友跑到我面前“神秘”地说：“老师、老师，你知道吗？我爸爸妈妈昨天吵架啦！”我问：“为什么呀？”小朋友说：“今天家长会，爸爸让妈妈去，妈妈让爸爸去，然后他们就吵起来了！”孩子的天真与耿直让老师们哭笑不得。但这次家长会，我们没有从小朋友们口中听到这样的“苦恼抱怨”，从早上开始，孩子们就很开心地对老师说：“今天我爸爸要来啦！”“我爸爸也要来！”……爸爸们这段时间经历了这么多和孩子的互动，也越来越愿意参与到幼儿园的课程中来，几乎全部准时来到了幼儿园。我将这件事作为家长会上的“破冰”开场白，爸爸们听完都哈哈大笑起来。

家长会上，我们首先和爸爸们进行了一项“小互动”——请用两个词语表述“您希望孩子成为什么样的人”。在爸爸们的回答中，“健康”“快乐”“自信”“善良”“勇敢”“阳光”都是高频词，其中“健康”和“快乐”是爸爸们提及最多的两个词语。

图 9　爸爸们回答中的关键词

接着，我们表示，幼儿园的培养目标和爸爸们的想法是不谋而合的，我们有着一样的教育目标，这也是我们需要爸爸参与到课程中来的原因。有了爸爸的陪伴，孩子们才更有可能成长为健康、快乐、阳光、善良、自信的人。之后，我们系统讲述了为什么我们要进行一系列关于爸爸的活动，爸爸参与育儿对孩子成长和发展有哪些好处。爸爸们也迫不及待地与大家分享了这段时间深度参与育儿的感想，纷纷表示愿意提供更多的家长资源，帮助孩子成长。

我们相信，所有的爸爸都想成为好爸爸，他们可能在工作上叱咤风云，但在当爸爸这件事上却需要学习，我们老师能做的或许是给爸爸参与育儿提供一个抓手，让爸爸们知道如何做才能走近孩子。

之后，孩子们将自己的心愿卡送给了爸爸，请爸爸帮助自己实现小心愿。第二天，我们陆续收到了很多小朋友和爸爸一起实现心愿的照片，每一张照片里孩子的笑容都是那么明媚、阳光……

图 10　孩子们将自己的心愿卡送给爸爸

感悟与反思

1. 从“稀松平常”的表象中看到儿童的真实问题和需要

当发现孩子们在日常表达中很少提及“爸爸”这一情况后，我心中便种下了一颗“课程的种子”。然而，这是否是阻碍儿童发展且迫切需要解决的问题，还需要进一步的评估和判断。接着，我开始回顾日常对孩子们的观察，发现一些孩子表现出抗挫能力差、情绪容易失控、不爱运动、体力较差等问题，判断这可能与成长中缺失父亲高质量的陪伴密切相关。这既是目前存在的问题，也是儿童发展的需要，因而我开始了一系列后续的尝试。

2. 用孩子真实的心声让爸爸看到自己在育儿过程中的角色缺失

发现问题后，我经历了一系列失败的尝试。之所以说是“失败的”，是因为从孩子的反馈和爸爸的行为表现中不难发现，这一系列的活动并没有帮助孩子和爸爸加深情感联结，孩子们仅仅是学会了一项技能，而爸爸们也只是了解了一些爸爸陪伴孩子的好处，他们并没有下决心改变现状。可见，仅仅在课堂上单方面地让孩子“想象”爸爸和在家长群中单方面地对家长强调父亲育儿的重要性都是不够的，只有让爸爸们真切地聆听到孩子们的心声，他们才会有所触动，从而做出改变，后续与爸爸相关的活动才会奏效。

在经历了一系列失败的尝试后，我发现引导孩子们表达心声需要充分考虑孩子们的年龄特点和已有经验，通过让孩子们说一说爸爸像什么动物这一方式让他们描述出心目中的爸爸形象，也由此让爸爸们看到了自己存在的问题。正因为听到了孩子的心声，看到了自己参与育儿后孩子的变化，感受到爸爸缺位的后果，爸爸们才知道如何朝着好爸爸的方向努力，自觉自发地提高了育儿的参与度，建立起正确的家庭教育观。

专家点评

爸爸是孩子生命成长中的重要他人，但爸爸在家庭育儿中的参与度低似乎已成为当下较普遍的现象。这个班上孩子们的爸爸同样如此。针对这一情况，柳老师先试图通过共读绘本和学唱歌曲等形式唤起孩子对爸爸的崇拜之情，并在班级群中宣传爸爸参与育儿的重要价值。一段时间后，爸爸参与育儿的情况略有改善，但孩子并未由此转变对爸爸的印象。老师深入分析，发现爸爸在育儿中的缺失确实是个真问题，于是采用从觉知、觉醒到行动的层层推进策略，支持爸爸高质量地参与育儿。

首先，老师站在儿童视角，请幼儿说说“爸爸像什么动物”，并将采访幼儿的视频发到家长群里，真实直观地让爸爸们“看见”了自己在孩子心目中的形象并被深深触动，这激起爸爸们想要改变的意愿。但如何参与呢？爸爸们犯了难。原来，“父亲”是一个需要学习的角色！

接着，老师有针对性地采取灵活多样的教育方式和策略支持爸爸们高质量陪伴孩子——搭建“睡前爸爸电台”，利用绘本资源开展“爸爸和我一起玩”系列活动……孩子在幼儿园提及爸爸的次数变多了，爸爸参与育儿的意识和能力也提升了。

这一系列活动，功在园内、利在园外，功在当下、利在未来，是一组别开生面的家园联动大行动。

爱不能通过说教而产生，爱是情感关系，必须源于深刻而持久的体验，老师在这个共构课程中紧扣“爱”的本质，遵循“爱”的规律，直面“爱”的问题，并用专业与智慧传递“爱”的正确打开方式，这是解决“爱”的问题的关键，是值得我们学习借鉴的。

南京师范大学　原晋霞

莲藕生长记

小三班　叶屏屏　吴松龄

6月21日，中午散步的时候，小朋友们发现荷叶上有一些小洞。“荷叶上怎么有洞洞？”他们非常惊讶并推测这些洞洞是被害虫咬出来的。第二天，六六就带来了一瓶杀虫剂，说要帮助荷叶杀虫……

我们幼儿园里有两块小小的水田，最初是为了满足小朋友们种植水稻的需求而开辟的，后来就一直保留着。2021 年 3 月 15 日，幼儿园的种植管家聂师傅在教师群里发了一则通知，询问哪个班级想用水田开展种植活动，同时他还提供了种植建议：一块继续种水稻，另一块种莲藕。因为他去年用小水缸在幼儿园里种了几株莲藕，发现小朋友们对荷叶、荷花、莲藕很感兴趣，便想利用水田，让小朋友们亲自参与种莲藕，经历莲藕生长的整个过程。

我们班小朋友平时看到的土培植物比较多，我们想进一步丰富他们对植物生长环境的认知，于是便认领了一块水田。因为莲藕从发芽到长出高大荷叶的生长过程变化更大，更易于小班小朋友观察，种莲藕、挖莲藕的新奇体验也更容易激发他们的兴趣，而且莲藕收获的时候小朋友们已经升入中班了，到时候，莲藕正好可以成为“蔬菜”主题的课程资源，所以我们选择了用这块水田种莲藕。

种莲藕啦!

几天之后，聂师傅给我们班送来了藕苗，小朋友们对藕苗非常好奇。我们没有直接跟小朋友们说我们班要种莲藕，而是先告诉他们我们班有了一块水田，希望他们能调动自己的已有经验，主动提出种莲藕。果然，有的小朋友知道藕是长在水里的，马上提出可以把藕苗种到水田里。接着他们就开始讨论怎么种藕苗。有小朋友说要用铲子挖开土把莲藕放进去，看得出他这是迁移了在小菜地里种菜的经验。聂师傅告诉小朋友们，水田里都是淤泥，不需要用铲子，直接用手把

图 1　藕苗

藕苗按进去就可以了。听了聂师傅的话，有的小朋友已经跃跃欲试了。瑶瑶说要穿着雨鞋进水田种莲藕，这也提醒了我们，小朋友赤脚进水田确实有一些安全隐患，于是我们请感兴趣的小朋友第二天带雨靴来种莲藕。

第二天早上，我们发现一共有 9 位小朋友带来了雨靴，分别是楷楷、瑶瑶、元宝、石榴、航航、柠檬、越越、安安还有西瓜。

下午，我们就开始种莲藕啦。对于小班小朋友来说，踩进淤泥里、把手伸进淤泥里，与在小菜地里种菜是不一样的体验。穿着雨靴的小朋友排着队，在老师的帮助下一个一个地种下了莲藕，感到非常新奇和开心。源源没有带雨靴，但是看见别的小朋友踩进淤泥里，觉得很好玩，于是主动向已经种过藕苗的小朋友借了雨靴，想要体验一下。但也有例外，安安虽然穿了雨靴，但看到前面小朋友脏兮兮的小手，就怎么也不肯进水田了。我们也没有强求，小朋友可以有自己的选择。

我们将种莲藕的活动视频发到了家长群里，请家长一起感受孩子们的快乐，同时希望家长带孩子在生活中、在自然环境中关注并了解与莲藕有关的事物，进一步激发孩子的兴趣。

图 2　穿好雨靴

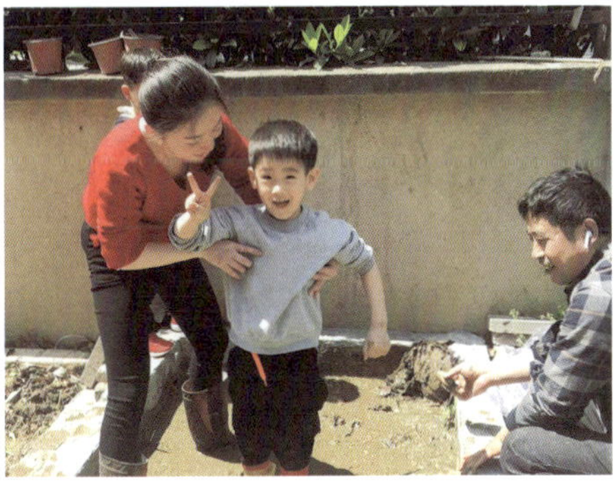

图 3　下田种莲藕啦

观察荷叶的生长

莲藕发芽了，可是……

4月6日，藕苗种下去十多天后，聂师傅告诉我们莲藕发芽了，小朋友们很兴奋地跑去看。但是因为荷叶还没有长出水面，小朋友们都看不清，也就没了兴趣。考虑到观察条件确实不太好，我们便没有继续引导小朋友们进行观察。但聂师傅的提醒让我们意识到，作为老师，我们自己更要关注莲藕的生长情况，在这个过程中等待时机，去引发小朋友的兴趣，激发他们的探究热情。

荷叶长出来啦！

不知不觉一个月过去了，五一假期之后，水田里有了明显的变化。一天中午散步的时候，小朋友们发现了这个变化：水面上出现了好多小荷叶。

图4　荷叶长出来了

图5　一起观察荷叶

瑶瑶："哇！真的有小荷叶出来了！"

老师抓住机会问道："荷叶是什么样的呢？"

几个小朋友同时说："圆圆的。"

陶陶接着说："是绿色的。"

源源："有的是椭圆形的。"

老师："哇，源源观察得更仔细，荷叶有圆形的，还有椭圆形的。"

可乐："荷叶为什么都漂在水面上呢？"

潼潼："它喜欢呗！这样小青蛙就可以在上面跳啦！"

这个有趣的答案很符合小班孩子的年龄特点，他们是把自己听过的故事和眼前的事物联系起来了。

荷叶长高了

又一周过去了，水田有了新的变化，有两片荷叶长高了，离开了水面。小朋友们七嘴八舌地讨论起来。

可乐："荷叶长高了。"

老师指着近处还半卷着的一片荷叶问："这片荷叶是什么样子的呢？"

欣宝："它很高。"

航航："是弯弯的。"

石榴："是卷起来的。"

老师接着问："它为什么卷起来了？"

越越："它是不是有点害羞？"

可乐："也有可能是它有点怕冷。"

六六受到可乐的启发，说："没有阳光它就卷起来了。"

越越："那为什么其他荷叶没有卷起来？"

可乐："因为其他荷叶都能晒到太阳。"

暖暖："可能是因为其他荷叶都已经卷过了。"

听到这样的讨论，我们感到很欣喜。小朋友们不仅能联系自身的体验，还调动了关于天气、季节的经验来思考和解释观察到的现象，而且他们已经能够倾听同伴的发言并提出自己的疑惑和思考了。

老师继续问："你们觉得荷叶像什么？"

图 6　荷叶长高了

欣宝："像一把遮阳伞。"

潼潼："像小雪人。"

安安："好像一个吸尘器。"

康康："像切开苹果的横截面一样。"

墩墩："像小樱桃。"

瑶瑶："像棒棒糖。"

荷叶的形象激发了小朋友们的想象力，这些充满想象力的话语建立在他们对荷叶的观察上。老师想引导他们进一步细致观察，便问道："荷叶上面有什么？"

石榴："有条纹。"

越越："有很多白色的点点。"

暖暖："有小洞洞。"

安安："荷叶中间有一个小圆圈，像一个点一样。"

……

此后，每隔一段时间小朋友们都会去水田边看荷叶，虽然荷叶在慢慢地变大、变多，但小朋友们观察荷叶时的讨论却越来越少了，兴趣也变淡了。我们想，这可能是因为没有新奇的变化出现。于是我们开始思考：能不能把微小的变化放大呈现给小朋友们呢？看来，平时拍摄的记录荷叶生长过程的照片可以派上大用场了！

6 月 17 日，距小朋友们第一次在水田里看到荷叶已经过去 1 个多月了，我们把这段时间拍摄的荷叶照片按照时间顺序排列、呈现了出来。

图 7　1 个月内记录的荷叶的生长变化过程

第一次通过这种方式直观地看到荷叶的生长变化过程，小朋友们觉得非常有趣，开始讨论起来。

元宝："荷叶原来是在水面上的，后来长高，又长高，再长高。"

昊昊："像我们的小手举起来。"

谦毅："荷叶变高了，长得越来越多了。"

……

同时小朋友们也提出了新的疑问和猜测。

可乐："可是莲藕什么时候才能长出来呢？"

暖暖："那就要到秋天了，因为秋天就要成熟了。"

元宝："因为秋天是收果子的季节。"

可乐："我们的枣子和番茄也是在秋天成熟的。"

老师趁机总结道："原来小朋友们都知道秋天是丰收的季节呀！"

暖暖："那什么时候会长出荷花呢？"

可乐："应该是莲花呀，因为它是（长）在莲藕里的呀！"

源源："那就是莲藕花。"

暖暖："可是为什么别的花长在土里，荷花长在水里呢？"

陶陶："也不一定就是在土里，比如石榴花是长在树上的啊！"

楷楷："可是长了莲花怎么长莲藕呀？"

谦毅："莲花下面有莲子，莲子会开花，变成莲藕。"

孩子们你一言我一语，我都跟不上他们的思路，不知道他们到底在讨论什么了。但从他们对"荷花"和"莲花"的讨论可以看出，他们的思辨能力和推理能力有了一定的提升，虽然受经验的限制，他们的猜测可能并不正确，但都是他们充分调动自己的已有经验并努力思考的结果。而我并没有立即把答案告诉他们，而是想随着植株的生长、开花、结果，请他们亲自观察、验证自己的想法。

画荷叶、做荷叶

经过这么长时间的观察和多次讨论，小朋友们对荷叶的样子已经比较熟悉了，于是我们开展了画荷叶的活动，并把大家的作品布置成了一个小荷塘的样子。

同时，我们还在美工区提供了多样的材料，希望能引发小朋友们多样的表达。瑶瑶和潼潼发现了绿色的彩纸，便主动提出想要用这样的纸做荷叶。在老师的支持下，她们做出了立体的荷叶。瑶瑶说荷叶像雨伞一样，潼潼则说荷叶像一个小蘑菇。

图 8　我们的"小荷塘"

图 9　小朋友们在美工区画的荷叶

图 10　瑶瑶："荷叶像雨伞。"　图 11　潼潼："荷叶像蘑菇。"

从小朋友们的作品中，我们能够看到尽管他们还是小班的孩子，但是他们不仅画出了荷叶圆圆的形状，还细致地画出了叶脉，有的小朋友还画出了荷叶中间连接着叶柄的"小圆圈"。可见，真实的资源可以让幼儿获得真实的体验，生发出真正的兴趣，建立在亲自观察和体验基础上的表达更生动、更有价值。

荷叶上怎么有洞洞？

6 月 21 日，中午散步的时候，小朋友们发现荷叶上有一些小洞。"荷叶上怎么有洞洞？"他们非常惊讶并推测这些洞洞是被害虫咬出来的。

图 12　荷叶上有一些小洞

图 13　仔细观察荷叶上的洞洞

老师："如果荷叶都被咬出了洞洞，怎么办？"

源源："它就会死的。"

老师："那我们能帮帮它吗？"

潼潼："可以用荷叶专用的花露水，虫子闻到味道就不会咬荷叶了。"

安安："弄一种可以让虫子睡觉的药就可以了。"

可乐："可是虫子总会有醒的时候啊！我家有杀虫剂。"

安安："如果把杀虫剂带过来，可能会喷到我们小朋友的眼睛里。"

楷楷："我有个好主意，可以把杀虫剂放在旁边，就不会有虫子过来了。"

因为知道杀虫剂不能乱用，我们并没有请小朋友们做什么，我们觉得即使没有讨论出确切的结果，这个思辨的过程对小朋友们来说也是有意义的。但没想到，第二天六六真的带来了一瓶杀虫剂。我们了解到，六六回家后跟妈妈说了要帮助荷叶杀虫的事情，说要用杀虫剂，妈妈虽然有点将信将疑，但还是满足了六六的需求。从这件事我们可以看出六六很关心荷叶，也可以看出妈妈对六六的信任与尊重。

但毕竟杀虫剂是有毒的，我们不能贸然使用，为了让小朋友们安心，我们拿着杀虫剂去请教了聂师傅。聂师傅说不能随便给荷叶喷杀虫剂，而且水田里有鱼，喷了杀虫剂，荷叶和鱼都会死。而且目前荷叶的情况并没有严重到影响莲藕的生长，顺其自然即可。大家这才放了心，杀虫剂也原封不动地还给了六六妈妈。但小朋友们的讨论和做法依然是有价值的，他们不仅能结合生活经验积极主动地想办法解决问题，还会讨论和完善想出的办法，从中我们能感受到即将上中班的小朋友的思考能力和解决问题的意识越来越强了。

荷叶的新变化

之后，幼儿园迎来了暑假，将近两个月的时间没见我们的荷塘，荷叶长得怎么样了呢？开学之前，我们特意去看了看，发现荷叶长得又高又大，比我们老师都高了，小朋友们看到后一定会很惊喜。

图 14　荷叶长得又高又大

开学之后，我们特意带小朋友们来到水田边，问道："你们有没有发现荷叶的新变化啊？"

昊昊："荷叶比我都要高了！"

老师："原来（荷叶）有多高呢？"

楷楷用手在自己膝盖的位置比画着说："原来就只有这么高。"

老师开玩笑地问："为啥小朋友没长这么高呢？"

瑶瑶："我们要吃饭才能长高，荷叶不用吃饭。"

跳跳："那个吸管（叶柄）可以让荷叶喝水。"

老师："原来荷叶也像我们人一样需要喝水啊！"

安安："荷叶也要阳光。"

虽然升入中班的小朋友们不可能像荷叶一样迅速长高，但我们能感觉到他们的经验是在不断增长的，他们知道荷叶的生长需要水和阳光，还知道水是通过叶柄输送到叶子上的，这让我们感到很惊喜。

荷叶长这么高了，可荷花怎么还没开呢？我们想看看中班小朋友是怎么思考这个问题的，于是问道："它们什么时候开花呢？"

跳跳："马上要秋天了，秋天不能开花。"

小暖暖："春天才能开花呢，秋天的叶子会落，花也会枯萎。"

老师："那莲藕呢？"

潼潼："等荷叶死掉了莲藕才会长出来。"

可乐："莲藕可能在下面呢。"

老师："可是没有开花会有莲藕吗？"

小朋友们疑惑地说：“应该不会吧……”

可以看出，小朋友们对于植物的生长过程也有了一定的认识，知道植物一般都是春天开花、秋天结果，还知道要开过花才能结果。但在询问聂师傅之后我们得知，当年种植的莲藕有可能不开花，但莲藕是荷花的地下茎，就算今年不开花也可以收获莲藕。看来今年小朋友们看不到亲手种植的荷花了，但收获莲藕也值得小朋友们期待。

挖莲藕喽！

终于，10 月底的一天，聂师傅告诉我们可以准备收获莲藕了。在了解到收莲藕需要剪掉荷叶、把水田里的水放完、挖莲藕以及清洗莲藕后，我们决定请小朋友们分成四个小组，每个小组负责完成一个步骤，这样每个小朋友都可以参与到活动中了。小朋友们根据自己的兴趣选择了要加入的小组，并明确了自己需要准备的工具，如：挖莲藕需要准备雨靴和手套，小朋友们需要自己从家里带来。同时我们也将小组任务发到了家长群中，请家长和小朋友聊一聊要在幼儿园做什么事、要带什么工具等，请家长进一步提供支持。

图 15　听聂伯伯讲解收莲藕的方法

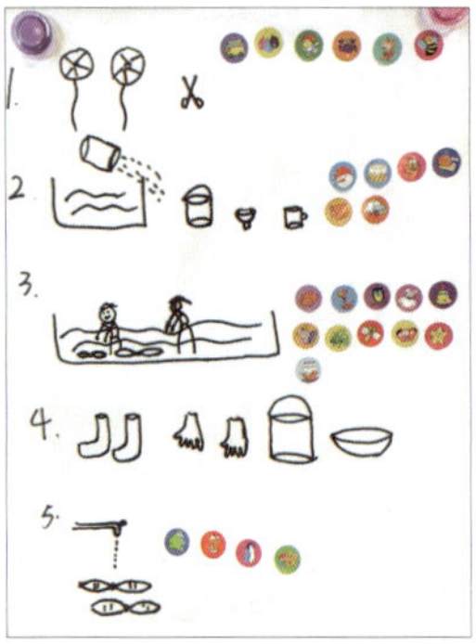

图 16　自选小组任务

第二天，小朋友们按照计划，带着自己的装备来到了水田边，大家在聂师傅的帮助下，有条不紊地剪荷叶、舀水、挖藕，忙得热火朝天。

图 17　去挖藕啦

图 18　剪荷叶

图 19　荷叶可以当遮阳伞

图 20　给水田排水

在下田挖藕的时候，因为鞋子很容易陷进厚厚的淤泥里，很多小朋友几乎是寸步难行，需要老师帮忙把鞋子拔出来才能挪地方。阳阳在挪动的时候一屁股坐进了淤泥里，小朋友们见状哈哈大笑起来。阳阳不仅没生气，自己也跟着笑了，然后在老师的帮助下站起来继续向前挪动。而挖藕也不是一件容易的事，因为莲藕藏在黑乎乎的淤泥里面，基本上看不见。楷楷在水田里面挖了很久都没有挖到，正准备放弃的时候，聂师傅鼓励他说下面肯定有藕的，继续挖一定能挖到。于是老师帮着楷楷一起挖了起来，最后终于挖到了一截藕，虽然这截藕和别的藕比起来非常小，但是楷楷很开心，像是获得了宝贝一样，其他小朋友也为楷楷感到开心。

图 21　大家一起挖莲藕

参与挖藕的小朋友中，有几位是之前进过水田种过莲藕的，体验过脚踩进淤泥和手上沾满淤泥的感觉，这次依然选择下田去挖莲藕，说明他们是真的喜欢；有的小朋友之前没参与种莲藕，所以这次更加期待到水田里去体验一下；而当初本来准备参与种莲藕却因为怕脏而没有下田的安安，还有平时特别爱干净的昊昊，这次也愿意踩进淤泥里挖莲藕，虽然他们穿着雨靴，还戴着手套，但不得不说，在一步步的探究中，他们越来越亲近自然了，这是一个非常大的改变。

因为收莲藕的整个过程是按流程让小朋友们分组进行的，按理，剪荷叶组剪完荷叶后就轮到舀水组工作了，但我们发现，剪荷叶组的楷楷从头到尾都没有离开过水田，老师提醒他可以去一旁休息一会儿，他也当没有听见，一直很开心地埋头苦干。我们知道他是真的喜欢，所以也没有要求他一定按分组规则来。

在各小组的配合下，我们成功地挖出了很多莲藕，收获颇丰。回班之后，洗莲藕组的小朋友们认认真真地把莲藕洗得干干净净。

图 22　洗莲藕

图 23　堆成小山的大胖藕

看着堆成小山的大胖藕，小朋友们别提多开心了，我们顺势引导他们对莲藕和收获莲藕的过程进行了讨论。

杰睿：“小班（的时候）种下去的莲藕是短短的、小小的，是莲藕宝宝。”

老师：“现在变成莲藕爸爸或者妈妈了？”

瑶瑶：“还有莲藕爷爷和莲藕奶奶。”

陶陶：“可能变成莲藕家族了。”

老师：“哇！陶陶会用‘家族’这个词！也说明我们莲藕有很多。”

剪荷叶的时候昊昊发现荷叶的叶柄里面有洞洞，而莲藕里面也有洞洞，我们想提醒小朋友们关注它们之间的联系，于是问：“莲藕是长在水下面的淤泥里的，那它怎么吸收营养呢？”

可乐：“它有洞洞，可以吸收营养。”

杰睿：“而且这个洞是连通的！”

老师：“是的，荷叶和莲藕的洞是连接在一起的。”

元宝：“像一个连接器。”

暖暖：“连到莲藕上的话会把泥巴也吸上来。”

小暖暖：“我们的荷叶是连在莲藕上的，不是连在泥巴上的，所以不会吸泥巴上来。”

可乐：“如果真的吸泥巴会堵住氧气和营养的。”

暖暖："莲藕上不就有泥巴吗？"

小暖暖："荷叶是吸（长）在莲藕头上的呀，泥巴是粘上去的！"

虽然才升入中班一个多月，但从小朋友们的对话中，我们能感受到他们的观察能力和思考能力都有了很大的进步，出现问题时，他们甚至不需要老师介入也能通过同伴之间的讨论来解决。

老师继续请小朋友们说一说今天收莲藕的时候有什么感受。

暖暖："莲藕地里好滑。"

安安："好臭哦。"（安安这句话把我们都逗笑了，可见安安能够走进水田挖莲藕真的是克服了自己的不适感。）

可乐："那个泥巴好凉哦。"

康康："那个泥黏黏的。"

航航："踩进去的时候会溅得身上全是泥。"

梦妤："那个莲藕很难拔出来，要用很大的力气。"

老师："平时我们吃莲藕觉得很容易，那现在呢？"

瑶瑶："我觉得很难，我们要等它慢慢长大，还得挖出来。"

老师："那其他蔬菜是不是也是这样呢？要长很久很久，还要辛苦地采摘，再做成菜。所以我们是不是要珍惜每天吃的食物呢？"

暖暖："那我们以后都要专心把蔬菜吃完！"

通过亲身体验种植与收获活动，小朋友们真正懂得了食物的来之不易，这样的教育才是真正的活教育吧！

制作莲藕美食

这么辛苦收获到的莲藕，可以用来做什么呢？我们再次把问题抛给了小朋友们。

小暖暖："可以吃啊！"

瑶瑶："可以煮了蘸糖吃。"

杰睿："我之前吃过里面加了糯米的藕，是甜的。"

陶陶："我知道，是糯米藕。"

石榴："我还吃过酸酸的蘸醋的藕。"

基于小朋友们的想法，我们确定要用收获的莲藕做清炒藕、糖醋藕和糯米藕三种美食。因为幼儿园里的桂花正好开了，有小朋友提到要摘一些桂花加进糯米藕里，做成桂花糯米藕。我们觉得很惊喜，因为老师都没有想到用桂花来当美食辅料，看来小朋友们真的很关注生活中的资源，他们也在享受大自然、享受生活！于是，我们再请小朋友们自主分成了四组，分别负责制作清炒藕、糖醋藕、糯米藕，以及摘桂花。

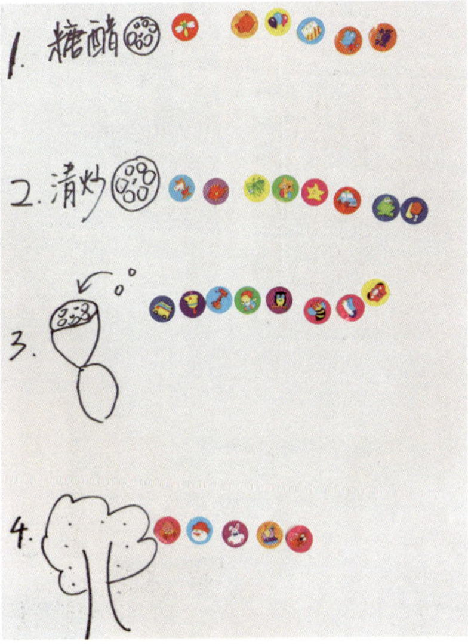

图 24　自选做藕任务

10 月 28 日，我们按照计划开始制作莲藕美食，一直作为我们莲藕种植"顾问"的聂师傅也来帮忙了。小朋友们在老师的指导下自己切莲藕、往莲藕里塞糯米、摘桂花，完成了准备工作后又积极地给"大厨"聂师傅打下手，相继完成了糖醋藕、清炒藕和糯米藕的制作，老师们还做了藕夹。大家尽情地享用了自己的劳动成果——莲藕大餐。

图 25　制作清炒藕

图 26　制作糖醋藕

图 27　制作糯米藕

图 28　摘桂花

图 29　聂伯伯帮忙炒莲藕

图 30　清炒藕

图 31　糖醋藕

图 32　桂花糯米藕

图 33　藕夹

图 34　品尝莲藕美食

小朋友们一直以来养成的好习惯就是学会感恩、乐于分享，因此，他们主动给帮助他们摘桂花的大班老师和哥哥姐姐，以及帮助我们做美食的聂师傅送去了莲藕美食。

图 35　送给哥哥姐姐品尝

图 36　请聂师傅品尝

此外，因为莲藕大丰收，做完美食之后还剩下很多，我们请每位小朋友都带了一些莲藕回家，请他们和家长一起分享收获的喜悦，也希望家长了解我们幼儿园课程的意义。从家长的记录中，我们看到，有的小朋友和家长分享了挖藕的趣事，有的小朋友和家长一起讨论了莲藕美食的做法，还有的小朋友平时不爱吃藕，现在却爱上了吃藕，这让家长很是感慨……

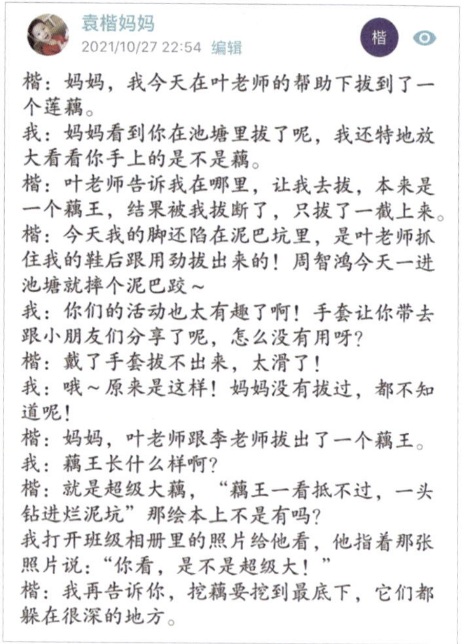

袁楷妈妈
2021/10/27 22:54 编辑
楷

楷：妈妈，我今天在叶老师的帮助下拔到了一个莲藕。
我：妈妈看到你在池塘里拔了呢，我还特地放大看看你手上的是不是藕。
楷：叶老师告诉我在哪里，让我去拔，本来是一个藕王，结果被我拔断了，只拔了一截上来。
楷：今天我的脚还陷在泥巴坑里，是叶老师抓住我的鞋后跟用劲拔出来的！周智鸿今天一进池塘就摔个泥巴跤～
我：你们的活动也太有趣了啊！手套让你带去跟小朋友们分享了呢，怎么没有用呀？
楷：戴了手套拔不出来，太滑了！
我：哦～原来是这样！妈妈没有拔过，都不知道呢！
楷：妈妈，叶老师跟李老师拔出了一个藕王。
我：藕王长什么样啊？
楷：就是超级大藕，“藕王一看抵不过，一头钻进烂泥坑”那绘本上不是有吗？
我打开班级相册里的照片给他看，他指着那张照片说：“你看，是不是超级大！”
楷：我再告诉你，挖藕要挖到最底下，它们都躲在很深的地方。

图 37　楷楷妈妈记录的楷楷挖藕趣事

从 3 月 26 日种藕到 10 月 28 日收藕，这个活动持续了 7 个月的时间。在这个过程中，我们看到了小朋友们观察能力、思考能力、推理能力、表达能力、小组合作能力的提升，我们感到这 7 个月的等待是值得的。从家长们的记录里，我们知道他们也看到了孩子们的收获，对“活教育”理念也有了更深的体会和认识。作为老师，我们很感慨：从一开始种藕苗时大部分孩子不感兴趣，到后来越来越多的孩子开始主动地观察、发现和交流，再到孩子们自发地表达，最后到所有孩子都热情高涨地收莲藕、制作莲藕美食——这对老师来说是一个漫长的过程，也是一段美妙的时光，我们和孩子都在成长。有意义的课程需要我们慢下来、静下心，耐心地等待孩子去发现、去探究、去成长。

感悟与反思

1. 做个有心且耐心的倾听者和对话者

我再次带新小班开展课程实践的时候，和第一次带新小班有完全不一样的感受，没有了从前的茫然、不知所措，更多的是能够坦然地在观察孩子的过程中用心倾听每一个孩子的表达并耐心地和他们对话。在日常实践中，每一个话题的展开都伴随着小朋友们七嘴八舌地提问，以及各种表达，作为老师，我们不应该惧怕这种“混乱”，更不能忽略甚至制止“无关”发言。在这篇故事中，我们更多呈现的是和活动相关的对话，但在整个活动过程中，孩子们的很多表达其实与活动相关度并不高，但我们依然认真倾听并且尽量回应，因为每个孩子的思想都弥足珍贵。当我们真的珍视每个孩子的表达，总有一天他们会在共同的活动中和我们“同频共振”。

同时我们也知道，并不是每个孩子的想法都有“普适”的价值，我们需要在师幼对话中通过“抛接球”的方式找到符合现阶段幼儿年龄特点、能激发幼儿思考和推进课程的“点”。比如越越问为什么其他荷叶没有卷起来，暖暖问什么时候会长出荷花，这些问题能够引发其他孩子的思考与讨论，从而进一步激发他们的探究兴趣，那就是老师要及时抓住并及时回应的问题。

2.“忘记”教师的身份，和孩子一起探究

作为幼儿园教师，在课程实践中要做到基于幼儿兴趣、问题、需要及时回应幼儿，但同时这种回应不是“望天收”，并不是说教师只能等着小朋友有兴趣、提问题的时候才能回应。教师要做的是“平等者中的首席”，我们要在和孩子共同生活的过程中，以平等的心态，怀揣着一样的好奇心，和孩子一起去观察、去感受、去探究、去发现，由此才能更加理解孩子，更加清楚应该在什么时候回应孩子。同时，幼儿园教师不只是从儿童的视角看问题，更是孩子学习的引导者和推进者，要基于他们的年龄特点发现他们可能存在的问题和需要，提前思考可能的解决办法。比如教师要做记录的有心人，我们每一次和孩子观察荷叶的时候都会拍照记录，当孩子面对每天变化不大的荷叶，探究兴趣消退的时候，系列照片的分享帮孩子从一个新的视角去发现他们未曾发现的变化，这再次激发了孩子探究的兴趣。

3. 在细节中关注每一个个体的发展

在课程开展过程中，教师会时刻关注师幼互动中幼儿的关键言行，基于关键节点推进课程发展。但教师仍需要明确，课程是为全体幼儿发展服务的，因此，在课程中，除了着重关注能推进课程发展的幼儿行为，也要关注与课程无关或者与课程有关但并未有效利用起来的幼儿行为，从细节上促进每个幼儿更全面地发展。比如主动带杀虫剂来幼儿园的六六，虽然杀虫剂没有真的派上用场，但是她记住了我们的讨论并且有所行动，孩子的这种用心在课程实践中是非常宝贵的，于是我们在班级群里感谢了六六的用心。再比如安安，从一开始不愿进水田种莲藕，到后来虽然仍嫌弃淤泥很臭，但还是开开心心地进水田挖了莲藕，最后主动品尝自己从前不愿吃的莲藕，还“责怪”家长没有让他自己做莲藕美食……在这些细节中，我们看见了他的变化与成长，也将这些变化与成长告诉了孩子和其家长。

4. 时时有评估，但并非处处要回应

幼儿园要坚持课程评估一体化实践，因此，在课程开展过程中及时对幼儿进行评估与回应是非常重要的。评估与回应不仅能够推动课程发展，也能促进幼儿个体的发展。评估应该时时有，但回应不一定时时有。从一开始思考种植莲藕，到最后收获莲藕的整个过程，我们都对孩子们当下的科学探究能力、学习品质等进行着评估，但并不是每一次都会对幼儿有明确的回应和支持，因为有时我们需要等待孩子主动探索，所以暂时不回应，有时为了解决当下问题而及时回应，有时则为了引发思考而作出回应，等等。无论孩子说荷叶漂在水面上是为了方便青蛙在上面跳，还是他们争论莲藕会开“荷花”还是“莲花”，教师都没有给出明确的回应或答案，但我们看到了孩子们在这个过程中科学探究意识和探究能力的发展。在这样的师幼互动过程中，基于评估、通过回应，我们和孩子共构了课程。

专家点评

当教育的“喧嚣”退回到真挚的儿童本位与纯朴的生活本身，就是活教育的样子了。

从初春到深秋，从小班到中班，老师与孩子们开展了一场生动有趣的种植探究活动。孩子们种莲藕、观荷叶、挖莲藕、做美食，兴趣不断萌发，经验不断生长，观察、思考、表达、合作的能力自然而然获得了提升。

自然有序，成长有时，好的教育类似种植，顺势守拙。不对称的师幼关系中难得做到的是老师控制住说教的欲望，“忘记”教师的身份，从儿童之弱中看到深厚的力量，做一个耐心的倾听者和对话者，让儿童自己去感受、发现、研究、探索。老师跟随孩子们，从细微流变处把握教育的最佳契机，关注每个孩子的全面发展，弹性地推进课程，在无为处有为。在效率至上和功绩主义的社会背景下，这种隐微与显白的教育艺术愈发稀缺，也尤为珍贵。

单丝不成线，孤掌难鸣，好的教育也似舞蹈，应有多个主体的“同频共振”。关于莲藕的课程故事是真实生活中一场为了儿童、整体参与的身体实践，是老师跟随儿童打破诸多看不见的时间区隔、空间区隔和关系区隔的有效教育的脚本。适宜的回应才有美妙的共鸣。在这场“水田上的舞蹈”中，没有矫揉造作和虚张声势，而处处体现着老师们对幼儿兴趣和发展需要的敏感性，其中，既有人与物的共鸣，孩子们懂得了惜物，也有人与人的共鸣，孩子、老师、聂师傅、家长以真诚的心灵建构起具有教育意义的关系体，共同感知真、体会善、欣赏美。

谁能说教育不是艺术、老师们不是艺术家呢？

南京师范大学　杨颖慧

田老师的草坪婚礼

中三班　姜佳佳　田浦

新郎给新娘穿上了婚鞋，两人手挽手地下了楼，一起向草坪走去，伴娘们也坐上伴郎们的小车，跟在后面，场面温馨感人。

“结婚”是一个洋溢着幸福感的词语。通常，为新人筹办婚礼的是他们的家人和朋友，而在我们鹤琴幼儿园，田老师班里的小朋友们要为他们最爱的田老师筹办一场婚礼……

田老师要结婚了

田老师去拍婚纱照了

2019年5月5日，孩子们还处在小班下学期，这天田老师没有像往常一样来上班。有小朋友问我田老师去哪儿了，我告诉他们，田老师请假去拍婚纱照了。小朋友们一听，叽叽喳喳地聊起来：“什么是婚纱照？”“我见过新娘子穿婚纱，田老师是新娘子吗？”……我静静地听着小朋友们讨论，并用手机把他们的话转达给了田老师。很快，田老师给我发来一张自拍照。

图1　田老师穿婚纱的自拍照

照片中田老师穿着婚纱、妆容精致，旁边是穿着西装的新郎。这是小三班小朋友第一次看到穿着婚纱的田老师，他们兴奋地讨论起来。

“我觉得田老师就像公主一样美，因为她穿着白色的裙子，还戴着皇冠。”

“这个男的是谁？他穿的衣服是西装，我爸爸也有。”

“田老师要和这个男生结婚吗？”

“他们已经结婚了吗？在哪里结婚的？”

……

之后的几天，“结婚”成了小朋友们常常聊起的话题。欣怡在玩娃娃家游戏时对可乐说：“我是妈妈，你是爸爸，我们结婚了。”好好回家后问妈妈：“你和爸爸结婚了是吗？”……这促使我和田老师开始思考：这是课程生成的契机吗？小班小朋友对“结婚”能理解多少呢？

6 月 21 日，田老师拿到了正式的婚纱照，我们向小朋友们进行了展示，并和他们围绕“结婚是什么？”这个话题进行了讨论。

图 2　田老师的婚纱照

洛桐：“幸福的人就会结婚。”

智雅：“结婚就是当新娘子。”

晨轩：“结婚就是快要生宝宝了。”

子睿：“结婚就是很快乐的时候。”

欣怡：“结婚就是田老师穿着婚纱，男生穿着西装。”

听了小朋友们的讨论，我和田老师对之前思考的问题也有了答案：“田老师要结婚”这个消息是小朋友们真实生活中的“活教材”，而且他们对这个话题很感兴趣，那么他们应该很愿意围绕这个话题继续探索。但我们仍然心存一丝顾虑：小班的小朋友社会交往能力较弱，与“结婚”有关的经验也比较匮乏，这个主题能进行到什么程度呢？另外，现在已经 6 月底，马上就要放暑假了，长达两个月的暑假之后会是什么情况也很难说。但转念一想，暑假后，小朋友们升入中班，处于自我意识萌发的关键期，同时，社会交往的欲望也越来越强烈，对同伴交往的需求增强，对事物的观察能力也在提高，这些都是活动可以开展的关键条件。而且，国庆节期间恰好是举办婚礼的旺季，可以为小朋友们提供更多的生活经验和课程资源。更重要的是，田老师的婚礼就安排在 10 月份，或许这可以成为我们最好的“课程资源”，让全班小朋友都真正地参与到这场婚礼中。

有了这些思考，在暑假来临之际，我和田老师将给小朋友们的评语卡制作成了西装和婚纱的造型，希望这些渗透了婚礼元素的卡片能引导小朋友们在暑假期间保持对这一话题的兴趣。

图 3　渗透婚礼元素的评语卡

图 4　田老师给小朋友们发评语卡

“我想参加田老师的婚礼！”

暑假过后，小朋友们升入了中班。在创设班级环境时，我和田老师将小朋友们比较熟悉的图画书《天生一对》中的元素融入了其中。故事中的长颈鹿小姐和鳄鱼先生是相亲相爱的一对，为了生活在一起，他们克服了各种各样的困难，也用自己的长处帮助了他人，得到了大家的祝福。这个故事非常契合“结婚”的主题，能够引发小朋友们的关注。

图 5　渗透婚礼元素的班级环创

9 月 17 日这天，田老师带来了两本红红的结婚证，小朋友们好奇地一边翻看一边讨论着。

雷雷："这是两本书吗？"

萌萌："这是结婚证，不是书！"

欣怡："结婚证是做什么用的？"

可乐："结婚证就是表示田老师结婚了。"

万里："结婚证里面有田老师和一个哥哥的照片。"

欣怡："结婚要办婚礼，要穿婚纱，很美。"

都都："我参加过婚礼。"

阿令："我想参加田老师的婚礼！"

在阿令说出这一想法后，其他小朋友也纷纷表示想参加田老师的婚礼。小朋友们的愿望引发了我和田老师的进一步思考：如何让小朋友们通过参加婚礼获得更多的经验和发展？如果以"婚礼"为主题组织活动，那具体该如何开展？我们面临着一个主要的难题：缺乏经验和资源。幼儿园的年轻老师们都还没结婚，对婚礼的了解较少，而课程指导用书中也没有可供参考的案例。但我们想，既然没有参考资料，那我们就追随小朋友们的兴趣，和他们一起去探索，和孩子们共构课程。另外，家长也可以在这个主题中发挥重要作用，他们的亲身体验可以为我们提供非常有价值的资源。而且，也有很多和“结婚”相关的图画书，如《蚯蚓要结婚》《老鼠嫁女》等，这些也都是我们可以利用的资源。

“我所知道的婚礼”

为了帮助小朋友们丰富关于结婚和婚礼的经验，我们请小朋友们和家长一起利用国庆假期进行一次关于“结婚”的经验调查。在布置任务时，我们考虑到，如果提前预设好调查的问题和内容，小朋友和家长发挥的空间就小了，调查的结果就较为集中，并不一定能体现每个小朋友的经验。因此，我们鼓励小朋友们围绕“结婚”话题，结合自己的兴趣点自主进行调查。

假期之后，小朋友们果然带来了内容丰富的调查表。有的小朋友呈现了爸爸妈妈结婚典礼的流程，有的小朋友特意去参观了婚俗博物馆，并记录下了自己了解到的传统婚礼习俗，还有的小朋友呈现了国庆期间参加婚礼时看到的婚礼现场的布置，等等。

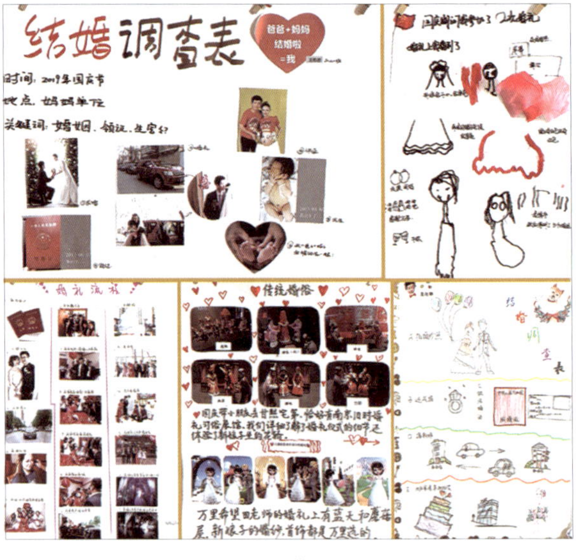

图 6　关于“结婚”的调查表

图 7　小朋友在互相分享调查内容

另外，小朋友们还收集到了一些和“结婚”相关的物品，比如在婚礼现场领到的成对的玩偶、“红双喜”剪纸、爸爸妈妈的结婚照等。同时，田老师也将自己的婚纱照和为婚礼准备的礼服、团扇等带到了班里。我们大家一起将这些物品布置在活动室，小朋友们在一日生活的过渡环节、游戏时间里都会去看一看、翻一翻，还会聊一聊这些物品的来源和故事。

图 8　小朋友在翻看田老师的婚纱照

图 9　田老师的结婚礼服

我们还将收集到的相关图画书提供给小朋友们，其中《蚯蚓要结婚》这本图画书讲述了两条小蚯蚓相爱之后想要结婚，并在动物朋友们的建议下，经过一系列仪式完成婚礼的故事。故事可爱温馨，表现了婚礼给相爱的人以及他们的亲人、朋友带来的幸福和快乐。同时，这个小故事将办一场婚礼所需要的种种元素——证婚人、伴郎、伴娘、戒指、捧花、蛋糕等——串联在一起，也将小朋友们对婚礼的零散经验串联了起来。

随着小朋友们关于“婚礼”的经验越来越丰富，他们对田老师婚礼的兴趣也越来越浓，“想要参加田老师的婚礼”的想法竟发展成了“想为田老师办婚礼”。而我们也决定跟随小朋友们的兴趣，和他们一起筹办一场婚礼。

为田老师办婚礼

在筹备婚礼的过程中，我们充分调动小朋友们的主观能动性，整个中三班都热火朝天地进行着婚礼的筹备工作。

办一个什么样的婚礼？

办一场婚礼要准备些什么？小朋友们最先想到的问题是“婚礼在哪办？”好好说：“我参加过的婚礼是在酒店里举办的。”可是这么多小朋友都想参加田老师的婚礼，大家都去酒店可能不太方便，怎样才能方便大家参加呢？看小朋友们一时没有头绪，我问道：“什么地方是田老师和小朋友们都会在的呢？”小朋友们一下子想到了我们每天生活的幼儿园。但好好说：“我们幼儿园没有酒店，大家怎么参加呢？”熙林说：“我们幼儿园有草坪，可以在草坪上办婚礼。”对啊，我们可以为田老师举办一场“草坪婚礼”，地点就在幼儿园的草坪上！这个主意真棒，小朋友们也一致表示赞同。可是小宝有点担忧：“幼儿园的草坪不漂亮，婚礼应该在很漂亮的地方举办。”萌萌说：“那可以做一点装饰。”于是，大家开始针对“结婚场地怎么布置，婚礼现场需要什么”进行讨论。

欣怡首先提出：“是田老师结婚，我们先问问田老师想要什么样的婚礼吧！”于是小朋友们便跑去采访田老师。田老师说：“我想要一个气球拱门，这样会很漂亮。还要邀请很多小朋友来参加婚礼，吃我的喜糖……”

田老师的回答打开了小朋友们的思路，他们纷纷开始回忆自己参加过的婚礼，我用绘画的方式记录下了他们的表达。

智雅：“我参加的婚礼，舞台上有气球，气球会落下来，像下雨。”

图 10　小朋友们在采访田老师

天睿：“我参加的婚礼有个超大的舞台。舞台连着一条走路的线，上面还有很多花。我还看见一个新郎和一个新娘走上来。还会有人唱歌。”

万里：“我看到一个大蛋糕，蛋糕是吃完饭再吃的。”

梓正：“我参加的婚礼有一个三角形的舞台。有人把花瓣撒下来。”

天睿：“我参加过在外面办的婚礼，在草地上。”

熙林：“草地婚礼没有舞台，没有桌子，有很多的椅子。”

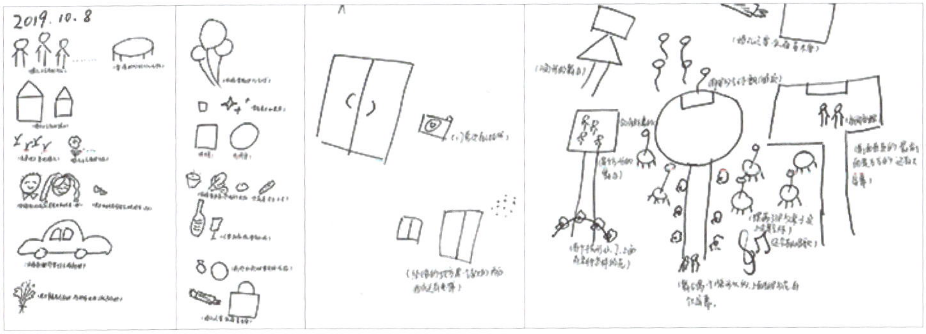

图 11　“婚礼现场的布置”讨论记录

小朋友们经过讨论，确定了用气球、花束等来装饰幼儿园草坪的方案，不仅要有田老师想要的气球拱门，小椅子上、路灯上，以及“迎亲车队”的每辆车上都要用气球装饰一番，而“迎亲车队”就是小朋友们每天运动时骑的小车……

剪“红双喜”

在之前的关于“结婚”的经验调查中，好几个小朋友都提到了“红双喜”剪纸，这样的剪纸一般会贴在窗户和门上，表示家里有人要结婚了。所以小朋友们打算给中三班的活动室也贴上一些“红双喜”剪纸。考虑到小朋友们有过年剪窗花的经验，所以我们为他们提供了折叠后画好图案的材料，让他们自己来剪“红双喜”。

在这个过程中，小朋友们不只是在操作，也在思考。由于剪“红双喜”时需要将纸张对折两次，也就是要同时剪四层纸，小朋友们剪起来比较困难，因此他们最初剪出来的“红双喜”都不整齐。但操作几次后，有小朋友想到了办法：先在正面剪一下，然后把纸打开向相反的方向折好再剪一下，这样剪出来的“红双喜”就比较整齐美观啦！

图 12　小朋友们在剪“红双喜”

之后，小朋友们一起把剪好的“红双喜”贴在了活动室的窗户和门上，班级里一下子就有了喜庆的气氛。但是，欣怡把“红双喜”贴倒了，她解释说：“我见过大班哥哥姐姐在过年的时候倒着贴‘福’字，表示‘福到了’，那‘红双喜’倒着贴，就表示‘喜到了’。”我们都被小朋友的机智和可爱逗乐了。

图 13　用“红双喜”装饰活动室

图 14　欣怡倒贴“红双喜”

做捧花

在调查表中，小朋友们的另一个关注点是捧花。濛濛说：“新娘子要有捧花，在婚礼快结束时要把捧花扔给下一个人，那个人会是下一个幸福的人。”（本来一般的说法是接到新娘捧花的人会是下一个结婚的人，但想到这本质上也是在传递祝福，所以我没有特意去纠正濛濛的说法。）可是，田老师的捧花从哪儿来呢？有小朋友说去花店买，但我们没有钱，怎么办呢？这时有小朋友提出：“我们可以自己做！三八妇女节（的时候），老师教我们给妈妈做过花。”确实，今年妇女节，我们教小朋友们做了花送给自己的妈妈。于是，中三班的小朋友每人做了一朵花，扎在一起组成了一束捧花，这束捧花渗透着小朋友们暖暖的爱意和祝福。

图 15　小朋友在做捧花

图 16　做好的捧花

做请柬

在前面的讨论中，小朋友们提到过想邀请全园所有小朋友来参加田老师的草坪婚礼，可是其他班的小朋友不知道具体的时间和地点，怎么办？小朋友们想到，之前大班哥哥姐姐邀请他们看演出时送过邀请函。翕翕说：“邀请函就表示邀请你来参加我们的活动，我们做张邀请函吧。”令令说：“一张不够，有好多班呢，一个班一张才行。”于是，大家在饭后散步时走遍了幼儿园的各个楼层，确定了邀请函的数量。在家长开放日，小朋友们在爸爸妈妈的帮助下一起精心设计了邀请函，还用小的“红双喜”贴纸、丝带等进行了装饰。另外，小朋友们还了解到，邀请函还有另一个好听的名字，叫“请柬”。

图 17　和家长一起制作请柬

图 18　小朋友们做的请柬

小朋友们将做好的请柬一封封地送了出去，希望全园的老师和小朋友都来参加田老师的草坪婚礼，共同感受这份幸福和快乐。

装喜糖

在所有准备活动中，小朋友们最喜欢的可能就是装喜糖了，毕竟漂亮的糖果光是看着就让人开心。对于一个盒子里装几颗喜糖，小朋友们也进行了一番讨论。欣怡提出：“（盒子）里面要装两个两个的喜糖，因为结婚是一男一女两个人，喜糖也要两个两个的。”可见她已经初步感受到了中国传统文化中双数的美好寓意，对单双数的概念也有了初步的感知。那具体要装几颗呢？有的小朋友说 2 颗，因为她在参加婚礼时收到过 2 颗装的巧克力喜糖。但有的小朋友说，2 颗太少了，不够吃，8 颗差不多。又有小朋友担心装 8 颗的话，我们的糖不够分。于是，大家最终决定装6颗。在讨论的过程中，他们又将感知数量多少的经验运用了起来。并且，装喜糖的过程也是练习点数、按数取物的好机会。

图19　小朋友在点数喜糖

图20　小朋友们在装喜糖

其他婚礼事宜的准备

在《蚯蚓要结婚》这本图画书里，不同的动物担任了伴郎、伴娘、证婚人等角色，那田老师的婚礼上也需要这些角色，谁来当呢？小朋友们说："伴郎伴娘就是陪着新郎新娘结婚的。"辰辰说："我做过花童，还没做过伴郎，我想做伴郎。""我也想做！""我也想做！"其他小朋友也纷纷说道。商量过后，大家决定中三班的所有男孩子都是伴郎，所有女孩子都担任伴娘，皆大欢喜。送戒指的花童则由小二班的小妹妹担任，孩子们的理由是"因为她比我们小，花童就是小孩子"。

在说到伴郎伴娘要做什么时，濛濛说："伴郎跟着新郎来接新娘，要给红包才能进来哟。"对于红包里面是否装钱，也引起了小小的争论，讨论后大家决定在红包里装糖，因为"小朋友没有钱，也不用钱"。

田老师的证婚人应该由谁来当呢？蓁蓁说："证婚人要证明田老师结婚了，要由一个很厉害的人来当。"而之前小朋友们还提到"新娘的爸爸要挽着新娘出场”，可是田老师的爸爸不在南京，请谁代替呢？这时，田老师说：“因为这两个人对我都很重要，所以我想自己去邀请。”小朋友们也期待着在婚礼那天揭晓答案。

因为想让来参加自己婚礼的客人们留下签名做纪念，田老师带来了一块签到板。可是，小朋友们才刚刚进入中班，不会写名字，怎么办呢？有细心的小朋友发现签到板上有一个由两个手指印拼成的小爱心，田老师介绍说这是新郎和新娘的大拇指印拼成的，于是，小朋友们说：“我们也用按手印的方式来签到吧，表示我们都来参加婚礼了。”

图 21　小朋友们用按手印的方式签到

在婚礼举行的前两天，小朋友们开始研究迎亲车队行进的路线，最后决定新郎和伴郎的车队从幼儿园门口出发，经过彩虹跑道到达草坪。路线确定后，小朋友们又一起练习车队的骑行队列，熟悉路线。看着他们认真的样子，我们相信这一定会是一场让我们难忘的幸福婚礼。

婚礼进行时

随着活动一步步地推进，婚礼筹备工作也一项项完成了，终于迎来了举办草坪婚礼的这一天！婚礼安排在下午，我们正好利用上午的时间布置婚礼现场。受到小朋友们的感染，很多家长自发前来帮忙布置婚礼现场，大家共同期待着婚礼的开始。

图 22　签到板和田老师的婚纱照

图 23　装饰过的轮胎

图 24　气球拱门和绑着气球的座椅

图 25　整装待发的迎亲车队

下午两点零八分，新郎和伴郎们按照计划在幼儿园的大门口集合，带着小朋友们自制的捧花，朝着中三班活动室出发了。在活动室里，新娘和伴娘们则悄悄地将婚鞋藏了起来，趴在玻璃门上，等待迎亲队伍的到来。活动室里、楼梯里、走廊上……幼儿园的角角落落都能听到小朋友们的欢声笑语。

图 26　新郎和伴郎的迎亲队伍

图 27　田老师和伴娘在教室等候迎亲

看到新郎和伴郎们过来，伴娘们堵在活动室门口问："你们来干什么？"门外的伴郎答："我们来接新娘子田老师呀！""不给红包不让进！"伴娘们齐声说。伴郎们则迫不及待地把装着喜糖的红包递了进去，这才顺利地通过了第一道关卡，见到了美丽的新娘子田老师。

伴娘们设置的第二道关卡是找婚鞋，新郎只有找到婚鞋才能接走田老师。让大家没想到的是，新郎一走进活动室，米米就激动地拉着他冲到了语言区，指着桌子下面说："我告诉你，婚鞋藏在这里！快去给田老师穿上！"或许是迫切地想让自己亲爱的田老师幸福快乐，原本为难新郎的找婚鞋环节，变成了伴娘主动送婚鞋。就这样，新郎给新娘穿上了婚鞋，两人手挽手地下了楼，一起向草坪走去。伴娘们也坐上伴郎们的小车，跟在后面，场面温馨感人。

图 28　活动室里激动的伴娘们

图 29　新郎找到婚鞋给新娘穿上

图 30　接到新娘啦!

图 31　迎亲车队

此时，草坪上已坐满了收到请柬的小朋友和老师，大家一起等待着这场幸福的婚礼正式开始。

新郎先来到气球拱门下，和大家一起等待新娘。音乐声响起，小朋友们惊喜地看到新娘挽着园长伯伯的手臂缓缓走了过来。

图 32　新娘挽着园长伯伯走来

图 33　园长伯伯在问新郎问题

而田老师邀请的证婚人也揭晓了，那就是田老师的大学老师华老师。田老师告诉小朋友们，华老师对她来说是非常重要的人，所以她邀请了华老师做自己的证婚人。

图 34　证婚人华老师为新人证婚

新郎新娘接过小花童送上来的戒指，并做了交换，还给大家发了喜糖，小朋友们也给田老师送上了甜甜的祝福。最后是扔捧花的环节，濛濛之前说谁接到捧花谁就是下一个幸福的人，正在大家期待的时候，田老师却将手上的捧花拆开，一朵一朵送给了中三班的每一个小朋友，田老师说，这份幸福源于每一个孩子，也希望这份幸福能传递给每一个孩子。

图 35　小花童送上戒指

图 36　田老师分发喜糖

图 37　小朋友们给田老师送上祝福

图 38　田老师将捧花拆开送给小朋友们

婚礼结束后

热热闹闹的草坪婚礼结束了，孩子们却意犹未尽，小宝说："我要把田老师结婚的事情画下来，让更多的人看到田老师结婚。"于是在小宝的启发下，小朋友们开始画田老师的婚礼，努力把自己印象深刻的场景画下来。

图 39　赵汤禾：今天的婚礼很棒，（我）很开心。婚礼的大门（拱门）很美，田老师的裙子太美了，我也等不及想穿。小车上有气球，像婚车。田老师的婚礼太幸福了！我长大后，婚礼也要有我们班小朋友参加。

图 40　周妤：今天参加田老师的婚礼时我有一点感动，因为我看到田老师揉眼睛了。我想问问妈妈，你跟爸爸结婚的时候也是这样吗？我想祝田老师新婚快乐！

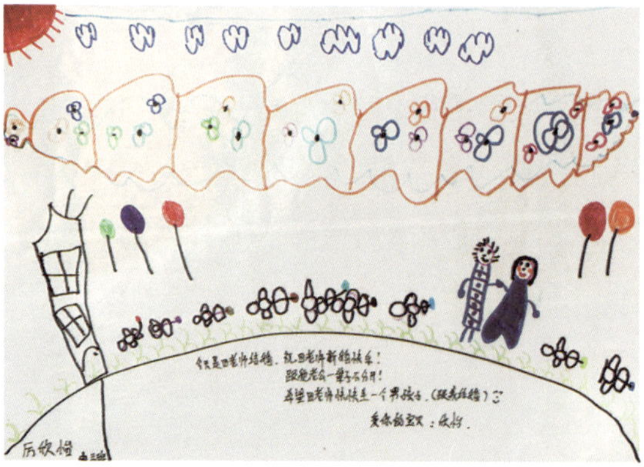

图 41　厉欣怡：我画了保安师傅的家（门卫室），我还画了五彩缤纷的气球。我们还列了车队，是来接新娘子的。新郎和新娘在草地上面结婚。祝田老师新婚快乐。

图 42　邵天睿：我画的是田老师的婚礼，是在我们幼儿园的草地上举行的。田老师和她的老公手牵着手，相亲相爱，真幸福呀。新郎对田老师说：“我会一直保护着你、一直爱着你，我们相亲相爱。”我就感动得流眼泪了。

田老师在婚礼结束之后写道：

亲爱的孩子们，从开始准备婚礼，我就在思考怎么和你们一起分享这件美好的事情。可爱的你们呀，把我放在了心上。午睡前，你们会拉着我的手坚定地说“田老师，我一定要给你办一场婚礼”；确定婚礼日期后，你们看到别的老师，会激动地邀请他们来参加我的婚礼；家长开放日，你们主动向爸爸妈妈介绍我的婚礼主题，邀请爸爸妈妈一起看我的婚纱照……当我穿着婚纱出现在你们面前，看到你们围在我身边，抬头看着我，眼睛里闪烁着星星，我差点要流下眼泪……女孩子们轻轻摸着我的婚纱，懵懵懂懂的男孩子也在我面前傻傻地笑……美好的你们呀，田老师看得心都要化啦。

新郎在体验过这样一场特殊的婚礼后，也感慨颇多。他说：“其实一开始我是很好奇的，感觉有点不可思议，真的可以在幼儿园举办婚礼吗？但随着幼儿园里准备工作的不断落实、推进，我也被这种郑重的气氛感染了，开始期待这场婚礼。”

和孩子们一起研究“婚礼”主题、亲身参与婚礼的家长们，见证了田老师的幸福，也看到了孩子们的成长，更感受到了“活教育”的魅力。正如有位家长所写的那样：

孩子们剪了“喜”字，装了喜糖，画了请帖，布置了教室……他们学会了去探究，去思考，去协作。他们感受了爱，抒发了真，创造了美。

感悟与反思

1. 课程是一场奇妙有趣的冒险——老师的“婚礼”也可以作为课程

“婚礼”课程的开展，让我们对“课程是一场冒险”这句话有了更深度的思考和探究。回望“婚礼”课程的开展过程，我们遇到过很多问题：在幼儿园办一场真实的婚礼需要准备多长时间？怎样准备？谁来筹办？幼儿园是否支持老师和孩子开展“婚礼”这样一个不寻常的课程？田老师和她的家人是否愿意把他们的生活当作课程来研究？孩子们对婚礼的经验非常零散、有限，我们应该如何串联和拓展课程？没有成熟的教学指导用书做参考，我们如何一步步推动课程的生发和前进？如何寻找合适的课程资源并充分利用？……在一步步的摸索中，我们一起听一听、记一记孩子们的表达，看一看、找一找可利用的教育资源，和同事说一说、聊一聊自己的思考，试一试、调一调课程前进的步伐，最终交出了一份让我们自己感到满意的“答卷”。

我们也更深地体会到，在“活教育”的理念下，老师既要足够大胆，大胆地和孩子们一起尝试新事物；也要足够细致，细致地思考课程中出现的问题，并对其进行深入研究，细致地思考孩子们的年龄特点，细致地观察孩子们的需要，细致地思考课程资源的收集和有效利用。

冒险的旅程总是“关关难过关关过”，不试试又怎么能感受到“活课程”的魅力呢？

2. 课程是一段共谋幸福的时光——在师幼共同的生活中发现课程生长点

幼儿园里的人是来上班、上学的吗？是，又不是。准确地说，我们是来一起“过日子”的。在鹤琴幼儿园的孩子和老师眼里，我们是共同生活的另一群“家人”，我们关心着彼此生活中的每一件事：孩子们的田老师今天请假了，她是生病了吗？姜老师告诉孩子们田老师没有生病，是去拍婚纱照了。“结婚是什么？”“我们可以参加田老师的婚礼吗？”……孩子们热闹的提问和讨论引起了老师的思考：“婚礼”可以作为一个课程来开展吗？课程的目标、价值和意义是什么？一场由孩子发起、师幼共同研究和策划的婚礼，唤起了孩子们对家庭生活、对爸爸妈妈的爱情和对亲子关系的亲身体验和感知，同时也在孩子们的内心播撒下了爱的小种子。多年之后，我们曾经共同生活过的“家人”——这群孩子，成为社会发展的主力军，他们对爱有向往，对生活有追求，心存满满的正能量，这才是教育价值的重要体现。

“婚礼”课程结束后，重温陈鹤琴先生的“活教育”目标和理论，我们更应该坚持在现实生活中发现有价值的课程资源，这样的课程才会更鲜活、有趣、生动，才能切实让儿童获得多方面的经验。

孩子是“活”的，老师是“活”的，课程也是“活”的，幼儿园的课程应该源于普普通通但乐在其中的每一天，源于我们共谋幸福的美好时光！

专家点评

“课程是一场冒险”，两位老师不仅有冒险的勇气——所谓“足够大胆”，也有谨慎负责的思考与推进——所谓“足够细致”，稳扎稳打地与幼儿一起共构了一段课程经历，使相关人从“好奇”和“爱”出发，进行了一场共同的社会学习。

当发现幼儿议论“田老师结婚”这件事时，两位老师意识到这是“继续探索”的动力。但这个生活事件是不是有价值的“活教材”呢？思考后，两位老师认为这个事件“唤起了孩子们对家庭生活、对爸爸妈妈的爱情和对亲子关系的亲身体验和感知，同时也在孩子们的内心播撒下了爱的小种子”——这不正是“社会领域”的重要学习目标吗？

此外，两位老师还深入思考了这个主题对小班幼儿的适宜性。她们没有急于开展主题活动，而是对课程有一个长程意识，提早为暑假之后的学期做了课程规划，分析了中班幼儿对这个主题进行探索的“关键条件”，还展望了“时令课程资源”——国庆节期间是举办婚礼的旺季。在这些细致思考的铺垫下，两位老师大胆地开启了第一步——用渗透了婚礼元素的评语卡来维持幼儿对这一话题的兴趣。他们的巧思和用心令人赞叹。

接下来，有意识创设的环境、发起的婚俗调查、对设计和筹备婚礼的探究，慢慢地使前面还有很多不确定性的构想变成了一个个解决问题的过程。这不是单一“社会领域”的规整的教学，而是将多领域多目标的学习与锻炼渗透其中，将所有的学习整合在众人共同建构的群体生活之中。

南京师范大学　郭良菁

我们的表演：三只小猪的故事

中四班　曹颖

又经过一段时间的精心准备，新版的《三只小猪》在大礼堂和观众们见面了。在大家的共同努力下，第二次正式表演的效果明显更好，小朋友们都获得了满满的成就感。

大班的哥哥姐姐排演了一出《老鼠嫁女》的皮影戏，邀请中班的弟弟妹妹观看。这次观看表演的经历激发了我们中四班小朋友对戏剧表演的兴趣，他们在阅读区看书时会模仿书中的形象，还会拿着玩偶和同伴一起扮演各种各样的角色。看到这些情形后，我们立刻邀请本班一位专门从事儿童戏剧表演工作的家长来到幼儿园，为小朋友们表演了《小熊找朋友》的故事。演员穿着玩偶服装，说着有趣的台词，做着夸张的动作，小朋友们看得开心极了。演出结束后，有小朋友说："老师，我也想上台表演！"其他孩子纷纷附和："我也想！""我也想！"

图 1　观看《老鼠嫁女》皮影戏

图 2　观看《小熊找朋友》儿童剧

看到小朋友们对戏剧表演的兴趣如此高涨，我们老师萌发了开展戏剧表演活动的想法。戏剧表演是一种综合性艺术活动，能够促进幼儿想象、表达、思维、创造以及团队合作、交往沟通等能力的发展，也是小朋友很喜欢的活动形式。虽然对于中班幼儿，以及从未组织过戏剧表演活动的班级老师来说，这是一个不小的挑战，但兴趣就是最好的老师，我们决定和小朋友们一起勇敢地试试看。就这样，戏剧表演活动在中四班热热闹闹地开展起来了。

表演什么?

确定开展戏剧表演活动后，我们决定从小朋友们的愿望——“上台表演”入手，和他们一起从“零”开始，策划、完成一场戏剧表演，在过程中学习。我们首先要解决的问题就是“表演什么”，为此，我们组织了一场“选题讨论会”。小朋友们在讨论中提出的很多想法大多来源于动画片，比如《冰雪奇缘》《汪汪队立大功》等，但大家的喜好各有不同，始终没有一个选题让所有人都满意。这时老师问道：“什么样的故事适合表演呢?”小朋友们又讨论起来，结合之前观看表演的经验，最终大家一起总结出了三个标准。

1. 我们班有很多人，不能演人（角色）太少的故事。
2. 故事要好玩，不能太短也不能太长。
3. 不能太难演，最好是我们都知道的故事。

于是，大家开始根据这三条标准筛选要表演的故事。小朋友们发现刚才提到的故事都不太合适，不是太长了，就是有小朋友没有看过。什么故事是大家都熟悉而且比较短、适合表演的呢? 老师继续引导：“除了动画片，还有哪里有故事呢?”“图画书!”小朋友们答道。沁沁受到启发，提出小班时他们在阅读区表演过《三只小猪》的故事。这也唤起了其他小朋友的回忆，大家都认为《三只小猪》的故事基本符合这三个标准。

那这个故事到底适不适合表演呢? 我们决定当场试验一番，于是邀请了几个非常积极的小朋友来尝试。这几个小朋友商讨了各自扮演的角色后就开始了这场即兴表演。由于是临场发挥，小朋友们经常卡壳，表演得并不太顺畅。但这并不影响小演员和观众们的热情，当演到大灰狼掉进烟囱里等有趣的情节时，下面的观众都笑得前仰后合。

这场无服装、无道具，甚至无固定台词的“三无表演”虽然在成人眼里十分简陋，却给小朋友们带来了许多快乐，也让我们看到了他们对于戏剧表演的浓厚兴趣。我们更加坚定了要和小朋友们一起探索戏剧表演的决心。小朋友们也说："这次表演太好玩了，我们就演《三只小猪》吧！"

选定表演角色

确定表演《三只小猪》的故事后，我们和小朋友们一起重新阅读了《三只小猪》这本图画书，明确了故事中有猪妈妈、三只小猪、三个卖东西的小动物和大灰狼等角色，小朋友们也初步了解了"角色"是什么。

接着问题来了：我们班有这么多小朋友，这些角色还是不够分，怎么办呢？这时洋葱说："还可以演房子。"其他小朋友纷纷表示赞同："有稻草房子、木头房子和砖头房子，都可以演。""砖头房子最结实，可以好多小朋友一起演。"……在小朋友们的眼里，没有生命、没有台词的房子也是可以表演的对象，都是"角色"。在这样的集体讨论中，小朋友们积极思考，相互启发，对戏剧表演中"角色"的认识更加深入了。

图 3　演员角色表

之后，我们根据讨论结果制作了一张角色表，请小朋友们选择自己想表演的角色。小朋友们将代表自己的小标志贴在心仪的角色下面，形成了演员角色表。

在小朋友们选择角色的时候，我们观察到了很有意思的现象。在我们的设想中，聪明勇敢的猪老三是故事中的"高光角色"，应该最受小朋友们的欢迎，可出乎意料的是，选择猪老三的小朋友并不多，反而是"砖头房子"的人气最高。我好奇地询问小朋友们为什么想要演砖头房子。他们有的说因为房子没有台词很好演，有的说因为可以和大家一起演……除此之外，一些在我们印象中语言表达能力较强的小朋友，并没有选择台词多、戏份多的主角，而是选择出演配角，他们也有自己的想法："我想演砖头房子，因为可以和好多小朋友一起演。""我觉得演草房子很好玩。""我想和虞果一起演木头房子。""山羊说的话少一点，我能演好。"……

在了解了他们的想法后，我们发现并不是所有小朋友都想要站在舞台中央成为万众瞩目的主角，对于他们来说，演有趣的角色，或者和好朋友一起演一个角色，抑或是演自己有信心演好的角色，更能让他们开心。虽然他们不愿出演主角，可是他们对自己选择的角色充满了热情，愿意与同伴合作，想要尽力完成好自己的表演，这又何尝不是一种积极的态度呢？因此，在小朋友们选择好角色之后，我们并没有干预他们的决定，而是给予了充分的尊重和信任。

创作剧本

在之前的试演中我们发现，小朋友们对于自己要说的台词并不清楚，表演时经常出现卡壳和无法与自己的搭档默契配合的情况。针对这个问题，老师和小朋友们进行了讨论，小朋友们提出可以把需要说的话记录下来。老师肯定了他们的想法，并顺势向他们介绍了台词和剧本的概念，鼓励他们一起创作《三只小猪》的表演剧本。可是小朋友们还不认识字，也不会写字，怎么办呢？在老师的建议下，他们根据自己的角色，用图案和符号来表示自己要说的台词，将台词画了下来。之后，大家一起将所有台词按照顺序排列，就形成了《三只小猪》的表演剧本。

在画台词和编排剧本的过程中，小朋友们不仅对自己的台词更加熟悉，也进一步理解了同伴之间配合的重要性。而有了剧本，小朋友们更有自己是"小演员"的感觉了，他们的表演也更正式和有仪式感了。

图 4 《三只小猪》剧本封面

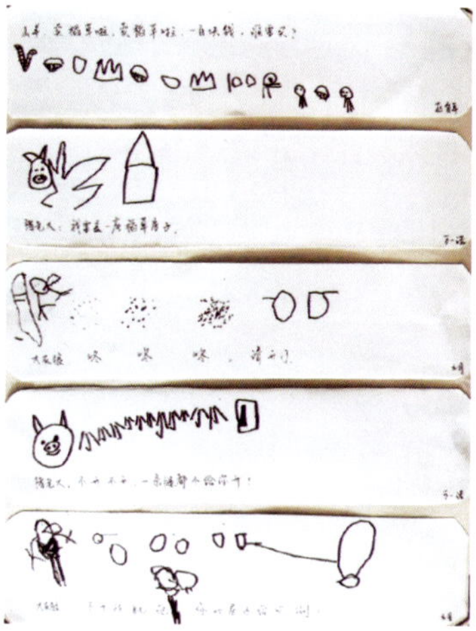

图 5 《三只小猪》剧本内页

准备表演道具

在了解了“角色”“台词”“剧本”之后，下一步就该根据角色准备道具了。怎么让中班的孩子理解道具的概念呢？我们想，比起直接告诉孩子们下一步要做什么，让他们在表演的过程中发现自己的需要，可能更能激发他们的兴趣。因此，在还没有准备道具的情况下，我们就请小朋友进行了第一次合作表演。

每个小朋友都参与到了故事的表演中，亲身体验了当“小演员”的感觉。在表演的过程中他们果然有了自己的发现。扮演海狸的洋葱在表演“海狸把木头卖给猪老二”的情节时，提出自己需要一些木头。这让我们感到非常惊喜！小朋友们在表演中自然而然地察觉到了需要一些物品来辅助自己表演，这正是引入“道具”的好时机。

在鼓励小朋友们继续在没有道具的情况下将故事表演完之后，我们由洋葱提出的需求入手，顺其自然地引入了“道具”的概念。小朋友们了解到，在表演中需要用到的东西叫道具，道具的使用能够让表演更加生动有趣。

那《三只小猪》的表演需要哪些道具呢？小朋友们结合自己表演的角色提出了需求，如稻草、锅、锤子、钉子、树、木头、砖头、钱、尾巴……听着他们五花八门的需求，老师并没有急着发表意见，而是请他们将这些需求用绘画的方式记录下来。

图 6　道具需求清单

之后，老师结合实际情况，提出了一些问题：这些道具都是必需的吗？方便表演吗？有没有更好的办法呢？在这几个问题的启发下，小朋友们的思考更加全面了。

“钉子就不要了，假装一下就可以了。”

“一块砖头就够了，太多了不好拿。”

“只有尾巴不行，大灰狼还有爪子和耳朵。”

……

经过又一轮的讨论，小朋友们对道具清单进行了筛选和补充，确定了要准备的道具。

道具从哪来呢？我们想，这是小朋友们自己的表演，我们希望他们完整地体验一场戏剧表演从无到有的全过程，用自己的能力自主解决问题。于是我们鼓励小朋友们自己制作道具。

接下来的一段时间里，小朋友们充分发挥自己的聪明才智，热火朝天地准备道具。他们会尝试用不同的材料来制作道具，最后选出一种最合适的材料；扮演同一个角色的孩子们会互相帮助，合作制作道具；他们还很有任务意识，游戏时间没完成道具制作，他们会飞快地吃完午饭，然后继续投入到制作中……经过全班孩子和老师的共同努力，表演道具越来越丰富了。

图 7　自制的道具木头

图 8　绘制道具锅

孩子们对戏剧表演的热情也被他们带回了家中。他们会和爸爸妈妈分享在幼儿园又做了哪些有关戏剧表演的事情，还会将《三只小猪》的故事表演给家人看。家长们在了解了我们的戏剧表演活动之后，也热情地参与进来，和小朋友们一起准备角色头饰和服装。家长的助力让道具更加精美和丰富了，也使戏剧课程延伸到了家庭中，完整地贯穿于小朋友们的生活中。

道具、服装的加入让小朋友们对戏剧表演的兴趣更高涨了。他们经常互相分享制作道具的故事，还会拿着道具像模像样地表演相关情节。

图 9　家长参与制作的角色面具

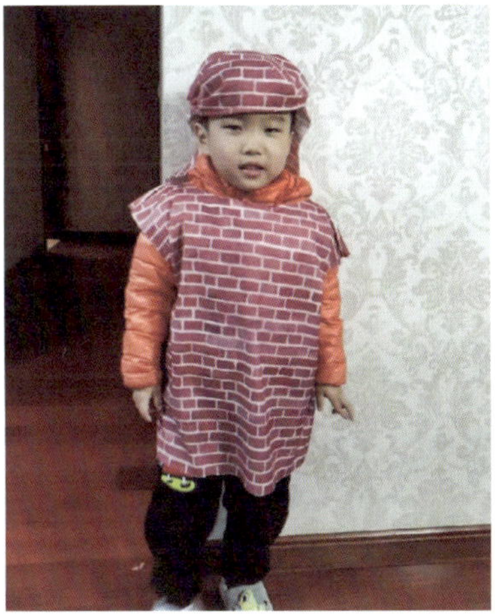

图 10　家长参与制作的角色服装

表演还需要什么?

表演的各项准备工作基本就绪，我们开始筹划第一次正式的登台表演。在和小朋友们一起抓紧时间反复排练的同时，老师也在思考：这次正式的表演和平时的彩排不同，可以借助演出门票、主持等其他事物来增加仪式感。小朋友们有这些经验吗？我们又该怎样将这个问题自然地抛出，和他们一起讨论呢？带着这些思考，我们更加关注孩子们的表现了。

图 11　团团拿着“话筒”报幕

一次游戏时间，团团拿着用积木拼插而成的“话筒”站在教室前大声说：“下面请欣赏故事表演《三只小猪》。”小朋友们看到后都笑起来，并开始争相模仿。团团自发的行为让我们看到了小朋友们在探究戏剧表演的过程中被激发的生活经验，让我们意识到这或许又是一个推进戏剧探索的契机。

我们抓住时机和小朋友们讨论“团团扮演的是谁？观看表演的时候还需要什么?”小朋友们经常和爸爸妈妈一起看电影、看表演，相关的经验比较丰富，他们知道拿话筒的是主持人，知道主持人会介绍节目是什么，还知道看表演需要门票才能入场。讨论过后，小朋友们决定自己制作一些门票，送给其他班级，请他们来观看表演。但门票上都有什么呢？小朋友们七嘴八舌地说起来：

“有演出（节目）的名字。”

“有演出的时间，还有演出的地方。”

“还有表演的人，就是演员。”

“门票有正面和反面，反面有好多字。”

“反面是看表演的时候要注意的事情。”

“要注意哪些事情呢?”老师问。

“不能大声说话。”

“不能拍照，手机要关机。”

“不能乱扔东西。”

“不能站起来看，会挡着后面的人。”

“要认真看，尊重表演的人。”

……

从小朋友们的表达中，我们看到他们有着很丰富的生活经验，并且能够很好地迁移这些经验。这也让我们对戏剧表演课程下一步的推进充满了信心。

根据讨论结果，我们为小朋友们提供了裁剪好的纸张，请他们设计、绘制演出门票，并利用散步时间将门票送给了其他班级的小朋友，邀请他们来观看表演。

图 12　小朋友们制作的门票

在正式表演之前，小朋友们认真地进行了彩排。到了正式表演这一天，他们穿好演出服装、带着道具来到了大礼堂。一些小朋友兴奋地和台下的观众打着招呼，看起来似乎一点紧张的情绪也没有。

图 13　小演员们候场中

随着主持人宣布演出开始，小演员们开始了表演。我们在台下看着，发现他们的表现和在教室彩排时差距很大：有的小朋友说台词的声音很小；有的小朋友在舞台上跑来跑去，完全忘记了彩排时的路线；有的小朋友忘记了自己的台词，站在舞台上一动不动……这让我们觉得有趣，同时也替他们捏了一把汗。但孩子们看起来丝毫不在意，他们全身心投入在表演中，享受着站在舞台上的时刻。演出结束，小演员们站成一排谢幕。观众们用热烈的掌声表达了对这场表演的喜欢与鼓励，所有的小演员都露出了开心的笑容。

图 14　小演员们谢幕合影

回到班级后，小朋友们都意犹未尽，叽叽喳喳地说着自己的感受：

"我觉得有点紧张。"

"我躲在窗帘的后面，很好玩。"

"我觉得自己演得很好。"

"我们站成一排谢幕，我很高兴。"

……

看到小朋友们沉浸在完成表演的兴奋中，我觉得他们一定对这次表演有深刻的感受。于是，我请他们将演出时自己印象最深刻的场景和心情记录了下来。从小朋友们的作品中，我们惊喜地看到，在真实的表演体验后，他们的感受和表达都变得更加丰富了。

图 15　岑岑：我画的是主持人林老师和猪妈妈，是林老师把猪妈妈请上台的时候。上午的表演我很兴奋。

图 16　小雪：我最喜欢所有小朋友站在舞台上介绍自己（的时候）。表演的时候好紧张啊！

图 17　开心果：我画了窗帘和我自己，我躲在窗帘后面，表演得很开心！

讨论与改进：怎么演得更好？

第一次正式上台表演，小朋友们对自己的表现会有怎样的评价呢？

老师："上周五我们在大礼堂表演了《三只小猪》的故事，你们觉得表演得怎么样？"

小朋友："非常好！"

老师："表演时有没有什么问题？"

小朋友："没有问题！"

老师："什么问题都没有吗？"

小朋友："是的！"

小朋友们对于自己的表演满意极了。这显示了他们对于那场表演的喜爱，我们能够理解他们的感受，并且为他们充满自信的模样感到高兴。但从老师的视角看，这一次的表演还有很多可以进步的空间，"戏剧"主题中让小朋友们不断感受到自己表演的进步是很重要的体验。如何让他们意识到自己的不足从而想要表演得更好呢？我们想到可以将录制的表演视频播放给他们看，让他们换一个视角来评价这次表演，夸一夸自己和同伴的优点，也找一找存在着哪些问题。

看完视频后，小朋友们的评价果然更客观了，他们除了说出哪些小朋友演得好、哪些情节表演得很有趣之外，还发现了一些问题：

"道具太多，表演时忘记带了。"

"看不清是什么角色。"

"上、下场很混乱。"

"上次看表演时有音乐的声音，我们的表演没有。"

……

老师将小朋友们发现的问题记录了下来。

图 18　小朋友们发现的问题

根据这次讨论，老师和小朋友们一起对《三只小猪》的故事表演进行了改进，重新讨论了演员在表演时需要注意的问题，增加了背景音乐，重新制作了部分道具，小朋友们还提出要把新学会的歌曲《小猪盖房子》运用到表演中。

又经过一段时间的精心准备，新版的《三只小猪》在大礼堂和观众们见面了。在大家的共同努力下，第二次正式表演的效果明显更好，小朋友们都获得了满满的成就感。

图 19　第二次登台表演

两次正式演出后，小朋友们的表演热情不但没有降低，反而更加高涨了。因此，我们面向全园进行了巡回演出，邀请还没有观看过的班级轮流来到大礼堂观看我们的《三只小猪》。

在一次次表演的过程中，小朋友们继续发现问题、解决问题，不断丰富表演的内容，也在真实体验中不断丰富着对戏剧的理解和感受。

感悟与反思

1. 对幼儿来说，探索戏剧表演的过程比表演效果更加重要

回顾《三只小猪》戏剧课程，我印象最深刻的不是最后的表演，而是孩子们在探究过程中的每一次发现。在每一个阶段，他们都能获得不同的感受，生发不同的想法，从而得到经验的提升。在亲身体验的表演中，孩子们能切实地感受戏剧表演中的元素，并能从自己真实的需要出发进行探究。从角色到剧本再到道具，这些戏剧和表演的元素都是他们自己感受到的，不是教师强加的，因而更加有意义。

2. 无论对孩子还是老师而言，积极投入是课程中最好的状态

经过这次主题的开展，我们对于中班幼儿在“戏剧”主题中会有怎样的表现、需要老师给予哪些支持有了更清晰的认识。而最让我们感动的是孩子们始终如一的兴趣和热情。表演、台词、剧本、道具……每一个新的发现都让他们感到兴奋。与始终兴致勃勃的小朋友们相比，老师在课程实施初期还有种种顾虑，无法轻松“入戏”，但因为和孩子们在一起，我们逐渐被他们的热情感染，越来越投入和享受这个有趣的过程，主题的开展也变得更加自然流畅。老师和孩子一样，只有热情地投入到主题中，才会有最好的状态。

3. 从未开展过的主题并不可怕，反而是值得期待的旅程

张俊老师说，课程是一场冒险，是孩子们和老师一起探索未知的奇妙旅程。在“戏剧”主题中，我们更加理解和认同了这个形象的比喻。《三只小猪》戏剧表演活动是在老师和孩子都没有经验的情况下开展的，这个看似冒险的开始却让我们收获了精彩和难忘的过程。因为课程并不是老师单方面完成的，每个老师和孩子心有灵犀的瞬间，都是这场课程冒险中闪光的际遇。而当老师不知道如何继续推进课程时，还能从孩子们那里获得信心与灵感。孩子原本就是课程的共构者，我们要相信孩子，相信他们的好奇心和探索欲，调动他们的主动性，和他们共同探索。从未开展过的课程并不可怕，反而是值得期待的，作为教师，我们不妨和孩子一起“入戏”，享受一次次充满未知和挑战的课程之旅。

专家点评

这个戏剧表演活动确实是一段冒险的历程。教师和儿童都从未有过戏剧活动的经验，却能义无反顾地走下去，并收获了很多惊喜，这是哪儿来的底气呢？我想，教师除了拥有敢于面对失败的勇气，还拥有相信儿童的态度。当我们看不清前方的道路时，从儿童身上一定能找到答案，这已然成为教师的课程信念。于是从选剧开始，教师就把权力交给儿童，相信他们自己喜欢的就一定是最合适的。哪怕是不合适的，儿童也会以自己的方式让它变得合适。儿童有儿童的逻辑，所以在他们的眼里，没有生命的东西也能成为角色。他们挑选角色时考虑的也和成人不同，想和大家一起演、想和好朋友一起演、很好玩、容易演，都是他们真实的理由。既然是儿童自己的戏，那就让他们自己做主，因为只有这样，他们才会尽兴。

当然，教师并不完全是旁观者。在倾听儿童、给儿童赋权的同时，教师也在不断地思考和做决定。在选剧时，她引导儿童思考什么样的剧本适合表演；选定了主题，她和儿童一起读图画书；讨论完角色，她用一张“演员角色表”帮助儿童进行整理；当儿童记不住台词，她适时提示他们“写”下了剧本；当儿童出现用物品辅助表演的需求时，她适时地引入了道具的概念；在儿童取得了上台表演的初体验之后，她又带着儿童“复盘”，讨论如何改进。可以说，整个活动的开展，都离不开教师这个“幕后推手”。

也许从戏剧表演的角度来衡量，这出戏的艺术性和舞台效果还有很大的提升空间，但从课程共构的角度看，教师和儿童已然演了一出精彩的“对手戏”。

南京师范大学　张俊

生命的碰撞与成长

——从两张蚕卵纸开始的故事

中二班　朱娇

第二天，小朋友们分组点数出相应数量的蚕宝宝，然后带着“养蚕方法图”出发了。在给哥哥姐姐和弟弟妹妹送去蚕宝宝的那一刻，他们展现出了自豪和自信。

偶遇——你想养蚕吗?

2021 年 2 月 20 日，在进入开学倒计时的时候，老师们提前回到了幼儿园。当天傍晚，我下班经过幼儿园附近的小区时，一个小姑娘毫无征兆地冲到我面前，满怀期待地问道：“你想养蚕吗?”想到蚕宝宝软乎乎的身体，我立刻头皮发麻，礼貌地谢绝了她。可是刚走出两三米，我突然想到中班下学期即将开展与生命教育有关的“生日”主题，而养蚕正好是一个进行生命教育的好机会，于是我又调转方向朝小姑娘走了过去，怀着兴奋又忐忑的心情接受了她的馈赠——两大张附着着密密麻麻蚕卵的打印纸。

猜谜——盒子里面是什么?

是种子还是芝麻?

开学的第一天，我把蚕卵纸装在一个透明的盒子里，放在了教室靠窗的桌上，等待着孩子们去发现。

图 1　蚕卵纸

经过两天对教室的熟悉后，班里终于有人注意到了这个盒子。“老师，这里面是什么?”喵喵指着盒子问。我没有直接回答她的问题，而是请小朋友们一起观察一下盒子里的东西，让他们猜一猜是什么。

齐齐：“它（们）像种子，圆圆的、小小的。”

凤梨：“对，它（们）是小白菜的种子。”

棠棠：“我有问题，我们之前种的小白菜的种子在盘子里面可以滚动，这个不动啊！”

叮当："纸上可能有胶水，把种子粘住了。"

九九："有可能是芝麻，因为芝麻就是黑黑的、小小的。"

我没有当即否定他们的答案，而是想让他们带着问题持续关注这些"种子"，通过观察去验证自己的猜想。于是，我和小朋友们约定：我们一起等待这些"种子"的变化，或许几天后就会有答案了。

"像蚂蚁的小东西"

2月25日，已经有蚕卵孵化了。小朋友们围着盒子观察，当看到有一些小东西在蠕动后，立刻推翻了之前的想法。"它（们）在动！是小虫子！"乐乐兴奋地说。佳檀说："它（们）是蚂蚁，很小很小。"咚咚拿来了放大镜，说："它（们）可能是小蚯蚓，因为身体一节一节的。"……

图2 盒子里出现了小虫子

这些小虫子是不是蚂蚁或蚯蚓呢？我把问题再次抛给了小朋友们，问他们有什么办法验证。可乐说可以去外面找蚂蚁和蚯蚓，把它们和盒子里的小东西对比一下看看。于是午间散步的时候，小朋友们带着寻找蚂蚁和蚯蚓的任务出门了。

由于早上下了场雨，我们幸运地找到了一条蚯蚓。经过对比，小朋友们一致排除了盒子里的小东西是蚯蚓的可能性。与此同时，一部分小朋友更加坚定地认为它们是蚂蚁了。可惜，由于天气还冷，很难找到蚂蚁，

图3 在户外找到的蚯蚓

一时无法进行对比。于是，小朋友们开始称呼盒子里的新朋友为“像蚂蚁的小东西”。

“可能是蜘蛛”

3月1日，星期一，新的一周开始了，盒子里的蚕卵孵化出了更多的蚕宝宝。老师买来了新鲜的桑叶，放到了盒子里。小朋友们一进教室就自发地拿起放大镜，去观察盒子里面的新朋友。

图4　蚁蚕和桑叶

可乐：“它们的身体好像变长了，数量也变多了。”

梓萱：“它（们）爬到叶子上，正在吃叶子。”

安安观察了一会儿，回头对我说：“老师，我发现有一只没有叶子吃，它趴在旁边饿了。”我提醒说可以想办法把没有叶子吃的虫子挪到叶子上。于是小朋友们开始找工具：夹豆子的筷子、切黏土的塑料刀、穿糖葫芦的竹签……尝试一番后，他们发现这些工具都不好用，很难把细小的虫宝宝夹起来或者铲起来。我不动声色地拿来一个毛茸茸的发卡，尝试用它移动虫宝宝。发卡上绒绒的毛果然很容易就把虫宝宝“粘”了起来。小朋友们认真观察着我的动作，争着要用发卡试一试。

在挪动虫宝宝的过程中，小朋友们发现有的虫宝宝会悬挂在发卡上，吊在半空中。

图 5　用毛茸茸的发卡挪动虫宝宝

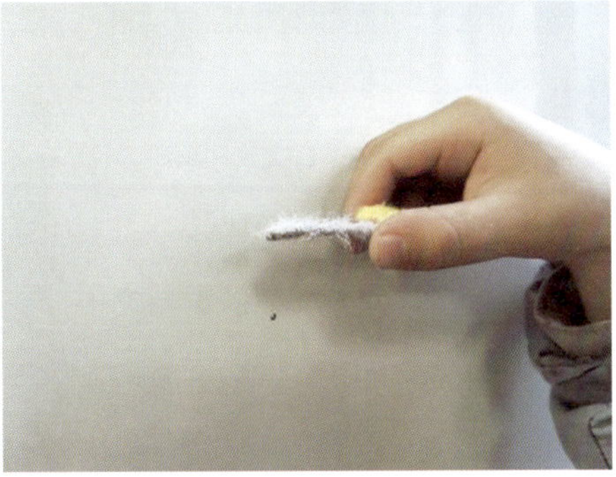

图 6　虫宝宝吊在了半空中

叮当："它晃了。"

咚咚："在荡秋千！"

我故作疑惑地问："没有绳子它怎么荡秋千啊？"

西米果："我看到一条细细的白线。"

棠棠："它有丝啊！"

我："你们还觉得它是蚂蚁吗？"

麒麟："不是蚂蚁，蚂蚁没有丝。"

智皓："是蜘蛛，蜘蛛会吐丝。"

……

这天散步的时候，小朋友们惊喜地发现美工室里有一张蚂蚁的图片。经过观察，他们总结道：蚂蚁是有触角的，有两节身体，和我们的新朋友长得不一样。而且蚂蚁也不会吐丝。由此，小朋友们明确地知道了盒子里的朋友不是蚂蚁。那会不会像智皓说的那样，是蜘蛛呢？

"板栗哥哥说它叫蚕"

散步回来后，大班的小朋友板栗和蘑菇来到我们班，说想看看我们班的新朋友。不一会儿，有小朋友找到老师，兴奋地说："板栗哥哥说它（们）叫蚕！"我感叹，板栗不愧是大班的小朋友！既然如此，我们便邀请养过蚕的板栗哥哥和蘑菇姐姐下午吃完点心后来给弟弟妹妹们介绍一下蚕。

下午，板栗哥哥和蘑菇姐姐早早地就到了我们班。他们告诉弟弟妹妹们："我们以前养过蚕，蚕吃桑叶。蚕有很多的小手，蚕还有小吸盘，可以吸在叶子上……"而对于弟弟妹妹们提出的"它可能是蜘蛛吗？"这个问题，蘑菇姐姐很有条理地解释道："蜘蛛和蚕都可以吐丝，但它们有两个不一样的地方：第一，蜘蛛有两节身体，蚕有很多节身体；第二，蜘蛛的腿很长，蚕的腿有点短，而且蚕的腿比蜘蛛的腿多得多。"听完蘑菇姐姐的解释，小朋友们欣然接受了新朋友真正的名字——蚕。

之前，我一直纠结应该在什么时候、用什么样的方法把蚕的名字正式地介绍给小朋友们，才能让他们快速链接已有的经验、对蚕有更加深刻的认识。在一步步的实践中，小朋友们经过一系列猜测、验证、再猜测……最终自然而然地解决了自己的认知冲突，建构了属于自己的关于蚕的认知经验。这个过程比老师直接告诉他们答案更加有意义。

照顾——希望它健康地长大

3 月 3 日，晨间户外活动前，孩子们照例去观察盒子里的蚕宝宝。突然，喵喵跑过来说："老师，有个蚕宝宝不动了。"齐齐接着说："它可能是睡觉还没有醒吧！"我过去查看，发现那只蚕宝宝好像死掉了。

作为中班的小朋友，他们目前虽然对蚕宝宝充满了好奇心和探究欲，但可能对每个蚕宝宝都是一个小生命的意识还比较模糊。作为老师，我希望他们知道很多时候生命是脆弱渺小的，每一个生命都需要被呵护才能茁壮成长，从而激发他们对生命的情感与责任感。于是结合这个突发情况，我决定在集体活动中聊聊"蚕宝宝之死"。

我拿着躺着蚕宝宝的盒子问："你们觉得这只蚕宝宝死了吗？"

喵喵："不动就死了吧！"

我："它为什么会死呢？"

铭棠：“饿死的。我之前就看见一只蚕趴在没有桑叶的地方。”

安安：“叶子太少了，不够它们吃。”

佳檀：“病死的。它吃了不干净的桑叶。”

叮当：“盒子里有的桑叶都卷起来了，不新鲜了。”

喵喵：“有的桑叶是脆脆的，蚕不喜欢吃的。”

齐齐：“有的（桑叶）都干了。”

孩子们的回答有些出乎我的意料，原来他们在日常的观察中已经积累了很多关于蚕和桑叶的经验。

接着我们开始讨论如何照顾好剩下的蚕宝宝，避免出现以上问题。通过查资料，我们总结出照顾蚕宝宝的注意事项主要有三点：一是蚕宝宝吃的桑叶要是新鲜的，不能是干的（干的桑叶是脆脆的、卷卷的），叶面需要清理干净，表面不能有水；二是蚕宝宝住的家要干净，不能晒太阳；三是换桑叶时要把擦干净的新鲜桑叶放到干净的盒子中，然后把蚕宝宝一只只挪进去。

图 7　把新鲜桑叶上的水擦干

图 8　把蚕从干桑叶上拿下来

通过这次讨论，小朋友们意识到蚕宝宝是弱小的，它们需要大家的照顾，而且是科学的照顾。之后，他们对待蚕宝宝更加用心了，每天早上都会自发地给蚕宝宝换桑叶，还会和它们说悄悄话，关心它们晚上睡得好不好。总之，大家都怀着一个共同的愿望：希望蚕宝宝健康地长大。

分享——你们想养蚕宝宝吗?

半个月之后，大部分蚕卵都孵化成了蚕宝宝，盒子里的蚕太多了，非常拥挤。在和小朋友们讨论后，他们说，虽然舍不得蚕宝宝，但是蚕宝宝太多了，我们可能照顾不好它们，所以可以把部分蚕宝宝分享给幼儿园的其他班级。“给别的班分享蚕宝宝的话，我们需要做什么呢?”我问道。可乐说:“我们需要去问问哪个班级想要蚕宝宝。”

于是，那天中午的散步时间，幼儿园里回荡着我们班小朋友独特的见面语:“你们想养蚕宝宝吗?”在被接受的时候他们会激动得大叫起来，在被委婉拒绝的时候他们也不气馁。在这个过程中，可乐一直拿着本子和笔在记录，把哪个班想要及想要多少都准确无误地记了下来。

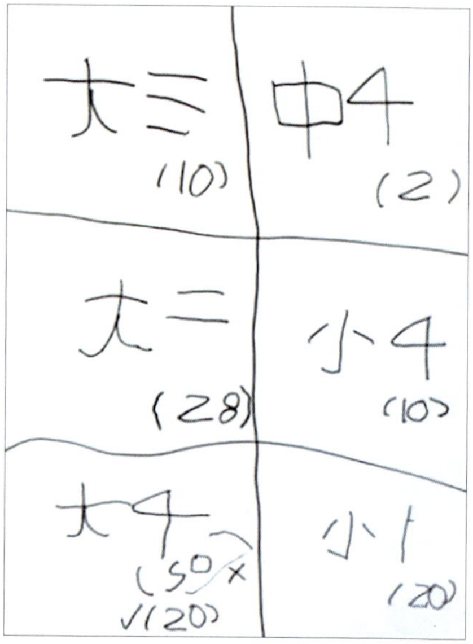

图 9　可乐记录的蚕宝宝分享清单

不出意外的话，下午起床后，我们就要根据可乐的记录单“送货”了。但是，午睡前，喵喵突然说:“要是他们不会养蚕宝宝怎么办啊?”是啊!其他班级可能没有研究过蚕宝宝，他们可能也不知道科学养蚕的方法。那怎么办呢?很快就有小朋友说:“我们可以教他们啊!”

于是午睡起床后，几个小朋友便尝试把我们之前总结的养蚕方法用绘画的方式画下来，最终画出了六份“养蚕方法图”。可是，由于绘画能力的限制，其他小朋友表示有些地方画得不清楚，看不懂!于是，我们通过投票的方式，把画得清楚明白的图组合在一起，最后得到了一份大家一起合作完成的“养蚕方法图”。因为想养蚕的班级太多了，一份显然不够，我带着小朋友们去资源室，将这份方法图又复印了几份。

图 10 小朋友们绘制的“养蚕方法图”

图 11 组合升级后的“养蚕方法图”

第二天，小朋友们分组点数出相应数量的蚕宝宝，然后带着“养蚕方法图”出发了。由于我们班小朋友在其他班级幼儿面前分享经验的机会比较少，我本以为他们会害羞和胆怯，但对蚕宝宝的爱鼓舞了他们，在给哥哥姐姐和弟弟妹妹送去蚕宝宝的那一刻，他们展现出了自豪和自信。

图 12　小朋友在讲解“养蚕方法图”

陪伴——蚕宝宝快快长大吧

搭建养蚕架

蚕宝宝长得越来越大，盒子里又变得拥挤起来，为了让蚕宝宝住得舒服些，我们把蚕宝宝挪到了几个大圆盘中。新的问题随之而来，盘子太大了，放在柜子上很占地方，怎么办呢？讨论之后，小朋友们想到可以搭建一个架子，把盘子都放在架子上。

一开始，他们想用建构区的木质积木来搭，但尝试后发现这些积木不容易连接和固定，没法搭成架子。那还有什么材料呢？散步的时候，小朋友们在大四班门口发现了一些 PVC 管，PVC 管便于拼插和移动，很适合用来做架子。于是，我们借来了一些 PVC 管，开始搭建。搭建过程中，小朋友不断用空盘子测试，以确保架子的稳定性。终于，在几个小朋友的努力下，一个三层的养蚕架顺利搭建完成并投入了使用。

图 13　在搭建过程中测试架子的稳定性

图 14　养蚕架投入使用

搭建养蚕架是一个真实的问题解决情境，在搭建过程中，小朋友们的专注度非常高，当看到自己搭建的架子真正投入使用时，他们十分骄傲和自豪。此外，他们还在无形之中探究了 PVC 管材料的特性和结构的稳定性，获得了丰富的经验。

“周末跟我回家吧”

周一到周五，老师和小朋友们会一起照顾蚕宝宝，给它们换桑叶、清理蚕沙，可是，周末怎么办呢？如果周末把蚕宝宝留在幼儿园，它们就没有桑叶吃了，小朋友们怕蚕宝宝挨饿，于是商量着周末的时候要把蚕宝宝带回家照顾。

图 15　换桑叶和清理蚕沙

蚕宝宝现在都养在大盘子里，想带回家并不是一件非常容易的事，但在小朋友们眼中，把蚕宝宝带回家照顾是一件很光荣的事，所以每逢周五放学，我们班的队伍中就有七八个各端着一大盘密密麻麻的蚕宝宝的小朋友。

把蚕宝宝带回家照顾，让家长们看到了有点不一样的孩子们：他们会为了摘蚕宝宝爱吃的桑叶走很远的路，会在睡前坚持给蚕宝宝换桑叶，会像小大人一样关心蚕宝宝睡得好不好……在家长眼中，孩子们俨然已经是半个养蚕专家了。

图 16　把蚕宝宝带回家照顾

收获——蚕茧太多啦！怎么办？

4 月 12 日，距离蚕卵开始孵化已经过了一个多月，教室里面出现了第一颗蚕茧。之后，越来越多的蚕宝宝开始结茧。虽然我们给蚕宝宝准备了结茧网，但小朋友们发现，有的蚕宝宝会在奇奇怪怪的地方结茧：有的在盒子的边缘，有的在桌子与墙的缝隙中，还有的在小朋友们的身高尺上……小朋友们特别喜欢这些椭圆的蚕茧，也非常好奇，围着蚕茧讨论起来。

九九指着一个浅色的蚕茧说："我透过蚕丝可以看到里面的蚕蛹。"

麒麟："蚕茧里面的蚕宝宝比以前短，而且蚕蛹是黄色的。"

瑞瑞指着一个蚕茧说："这个蚕茧在动。"

叮当："难道蚕宝宝在里面做运动？"

窝窝："在哪里呢？我怎么没有看到？"

麒麟："你要看一会儿才能看到它在动。"

窝窝："它在抖动，摸着它手也会发抖。"

西米果："蚕宝宝在跳舞。"

……

又过了将近半个月，大部分蚕宝宝都结茧了，集中在一起竟有满满三大盘。那到底有多少个蚕茧呢？小朋友们也很好奇，于是我们将蚕茧分成几堆，请小朋友们分组数一数，然后把数字记录下来，由老师帮忙算出总数。最终，我们数出班里目前一共有 873 只蚕茧！这个数目真不少，小朋友们都觉得很有成就感。

图 17　满满三大盘蚕茧

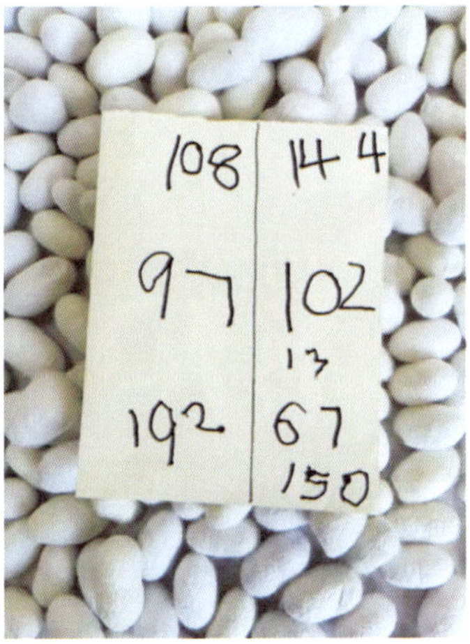

图 18　蚕茧数量记录

碰巧，我们班这段时间正在进行"我的家乡——南京"主题活动，而南京的特产之一——云锦，正是用蚕丝制作的，麒麟小朋友从家里带来了一幅云锦装饰画，孩子们都很感兴趣。

于是我们考虑请小朋友们尝试煮茧抽丝，感受云锦的制作材料的来源和加工过程。因此，我和孩子们有了下面的讨论。

我：“你们知道制作云锦会用到什么材料吗？”

麒麟：“蚕丝！”

我：“你们想感受一下亲手抽出蚕丝的过程吗？”

几个小朋友说：“想！”

叮当：“阿婆说蚕茧可以抽出蚕丝。”

智皓听了说：“蚕茧抽丝了就变不成蚕蛾了，我想让蚕宝宝变成蚕蛾。”

梓萌也说：“我舍不得蚕宝宝。”

图 19　云锦装饰画

我察觉到小朋友们对蚕宝宝的爱护和不舍，于是换了个角度问道：“我们班现在有八百多个蚕茧！它们全都变成蚕蛾会怎么样？”

西米果：“那教室里面全是蚕蛾啦！”

思齐：“它（们）会飞到我们的床上。”

智皓：“我们睡觉的时候就会一直大叫‘蚕蛾！蚕蛾！’，就睡不着了！”

安安：“它（们）会在吃饭的时候飞到我们碗里。”

梓萌：“对，它们会占领我们的教室，我们班就变成蚕蛾班了。”

我继续问：“那你们愿意用一部分的蚕茧抽丝吗？”

小朋友们齐声说：“愿意。”

在获得小朋友们的同意后，我们带他们一起体验了选茧、剥乱丝、煮茧、抽丝的过程。

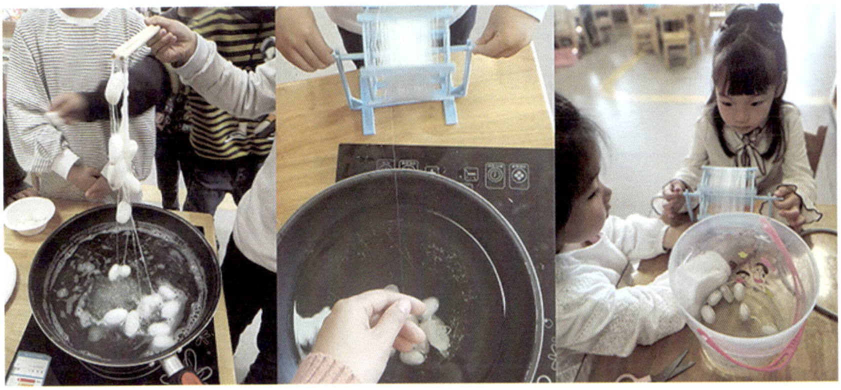

图 20　煮茧抽丝

当亲眼看着一个个硬硬的茧在我们的手中变成了柔软光滑的蚕丝线时，小朋友们非常开心，他们对蚕和云锦也有了新的认知。考虑到云锦是有颜色和图案的，我们在区域游戏时间还组织了给蚕丝染色的活动。

图 21　缫好的蚕丝

图 22　染色后的蚕丝

其实，在决定要不要请小朋友们煮茧抽丝时，老师也曾犹豫过，因为蚕茧是我们亲手饲养的蚕宝宝变成的，小朋友们对蚕茧有着深厚的感情。这是一个如何平衡生命教育与科学教育的问题。最终促使老师做出决定的原因有三：第一，因为本班是“养蚕大户”，在不完全统计的情况下，已经收获了八百多个蚕茧，假如全部保留，等它们变成蚕蛾后，活动室的空间是难以容纳的，而且后期它们将产下大量的蚕卵，也会让我们难以负担；第二，班级正在开展“我的家乡——南京”主题活动，幼儿对南京特产云锦很感兴趣，在得知制作云锦会用到由蚕宝宝吐出的蚕丝之后，他们对此感到好奇，并期待亲身操作体验；第三，经过讨论后，小朋友们都表示想看看蚕茧是怎么变成蚕丝的，蚕丝到底是什么样的，还想用蚕丝制作像云锦一样美丽的衣服。在带小朋友们把蚕茧抽成丝的过程中，我们也引导他们把注意力更多地放在蚕丝得来不易上，引导他们对蚕宝宝心怀感激，因为是它们为我们制造了鲜亮柔软的蚕丝。

期待——明年春天再见啦

5 月 6 号，小朋友们发现存放蚕茧的盒子中出现了几只蚕蛾，它们抖动着翅膀，但没有飞出盒子。同时，他们还发现了一些淡黄色的小点点。他们很快反应过来，这些小点点就是我们最开始见到的蚕卵。新一批蚕卵的诞生，为我们的养蚕活动画上了一个还算圆满的句号。我们把蚕卵保存起来，期待它们明年春天变成蚕宝宝，再与我们相见。

感悟与反思

从偶然获得蚕卵到收获新的蚕卵，中间隔着两个月有余，在这两个月中，不仅孩子们获得了丰富的体验，我也收获良多。

1. 成为好的幼儿园老师，意味着要克服“小我”

每个人都有自己的舒适区，想要成为一名好的幼儿园老师，需要跨出自己的舒适区，克服“小我”。比如在养蚕活动中，假如从“小我”个体视角出发，困于内心对软体动物的不适感，我是万万不会碰这种软乎乎的动物的，但想到自己的背后还有一群孩子，这群孩子或许会在养蚕过程中获得独特的生命体验，这时，教师角色赋予了我勇气和力量，个人小的情绪和担忧在孩子的发展面前变得统统不是事儿。回想当初与蚕卵的偶遇，我一直庆幸自己克服了恐惧心理，接受了小姑娘的两张蚕卵纸。同时我也提醒自己，要永葆尝试新事物的勇气，要与孩子们一起学习和探索，与他们共同成长。

2. 幼儿的科学活动一点都不冰冷，而是充满了柔软的情感

幼儿园里的养殖活动不仅属于科学活动，还属于生命教育活动。它充满了爱与希望，流淌着柔软的情感。幼儿在用心呵护蚕宝宝成长、了解蚕宝宝生命历程的同时，还生发了爱心与责任感，他们把蚕宝宝当作自己的好朋友，会和蚕宝宝说悄悄话，在入园、离园时会主动和它们打招呼，会因为蚕宝宝变成蚕茧而激动。相信以后在面对其他弱小的生命时，他们也会这样温柔以待。

3. 活动中遇到的问题，没有标准答案，应充分尊重幼儿的心声

有时幼儿的探究欲似乎与爱护小动物之情相冲突，这时该怎么办呢？我们不妨让幼儿参与到课程的决策中。比如在养蚕活动中，是否缫丝其实并不重要，老师需要明晰课程背后的价值取向。假如幼儿同意缫丝，教师可以在保护幼儿童心的前提下让幼儿通过实际操作了解缫丝的技艺，以及蚕茧在实际生活中的用途。假如幼儿于心不忍，老师则需要尊重幼儿的情绪与意愿，不应过度引导。因此，在以后遇到类似的情况时，我们需要在心中提醒自己：要辨析课程的价值，尊重幼儿的情绪与意愿。

专家点评

在幼儿园教育领域的时间越久，越是会对教育的价值进行反复思考，也越是渴望教育的一些理想能在这个阶段被点亮。叶澜老师曾说过，教育对于个体生命具有独特的价值。这种独特并不是体现在教给了学生多少知识、技能，而是体现在教育对个人心灵、精神、气质的孕育，而这些是可以留在一个人生命深处的，是能够唤醒内在力量的。中二班小朋友对蚕的探索过程是缓慢而持续的，是走心而留痕的，是一场生命与生命的交融之旅。

在对蚕的探索过程中，我们看到朱老师非常“佛系”，这种“佛系”的态度让我们见证了日常教学中春风化雨式的跬步之功，体会到了教育是一项“慢工出细活”的事业。朱老师抓住了机会，在班级里埋下了“伏笔”，给孩子们创造了接近生命的可能——孩子们从不关注，到关注了却不知道是什么，再到因一个偶然的机遇知道了这是蚕，随后开启了对蚕的探索和照顾之旅。这个过程是缓慢的、持续的，回想每一步，都感觉有一种水到渠成的味道。朱老师给孩子们留足了时间和空间，使他们能在舒缓的节奏下成长，使得活动具有了极强的建构性。

另外，在案例中我们也感受到了孩子们对动物的情感。他们能友善地对待蚕宝宝，这样的情感还作为一种动力源泉激发着他们去探索更多未知的领域。这种生命与生命的相互交融，能带给孩子们更丰富的活动、更多样的经验、更融合的智慧，未来社会需要的恰恰是在自己主动学习知识的基础上，会整合、会延伸和会创新的人，这样的人才是最具价值的人才。

南京师范大学　王玲艳

谁大谁小

中三班　颜安

在和孩子一起探索“生日列车”的过程中，我深刻体会到了经典活动、经典环创的“经典”之处。“生日列车”主题看似简单，却要一步一步地从孩子们的经验中引出，再在一次一次的互动中提升孩子的经验水平。

“我是班里最大的小朋友!”

中班下学期，班内孩子们逐渐开始关注自己过生日的事情。课程审议时，我们认为“生日”主题中蕴含着科学、艺术、社会等不同领域的探索空间和价值，且非常贴合孩子的生活经验，孩子非常感兴趣，于是，我们便决定开展“生日列车”主题活动。进入主题不久，在集体讨论“我的生日”话题时，我发现孩子们关注到了生日早晚与年龄大小的关系。

苹果：“我是 9 月生的，我是班里最大的小朋友。”

我：“你怎么知道你是最大的？”

苹果：“是爸爸告诉我的。”

“生日列车”主题中有非常经典的比年龄大小的活动，而苹果这句无意的话，让我意识到这是一个引入“生日或年龄比大小”活动的好机会。于是我决定继续这个话题，便问其他小朋友对此是怎么看的。

我：“你们觉得苹果是不是我们班最大的小朋友呢？”

米豆：“桂圆是班里最高的小朋友，他应该是最大的呀！”

浩岳：“那溏溏也很大呀，他比我们重。”

忆宸：“我觉得我跟桂圆一样大，因为我们差不多高。”

我：“那你们俩谁重呢？”

大米抢答道：“我知道了，可以用秤称一下。”

我：“如果两个小朋友一样高，或者一样重，那谁更大呢？”

有的孩子觉得他们一样大，有的孩子则沉默了。

比谁大谁小，到底应该比什么？又应该怎么比呢？由于孩子们这方面的经验较少，加上放学时间快到了，我决定先不告诉孩子们答案，而是让他们自己去思考和探索一番，所以，我请他们回家后想一想小朋友之间应该怎样比大小，并提醒他们如果遇到问题可以问问爸爸妈妈。

数字越大年龄越大?

第二天，有些孩子带着自己的思考来了，他们也有了不同的发现。集体活动中，我们展开了分享。

我："你们昨天回家后，有没有了解怎么比大小呢?"

忆宸："苹果说的比大小是年龄的大小，比如我 5 岁，我就和苹果一样大。"

葫芦："我 4 岁了。"

袁袁："我现在 4 岁，等我过完生日我就 5 岁了。"

说到表示年龄的数字，孩子们一下热闹起来。在讨论中，孩子们发现班里的很多小朋友都是一样大的。有的人 5 岁，有的人 4 岁，5 岁的比 4 岁的大。

这时，忆宸说："其实我是 5 周岁、虚 6 岁。我也可以是 6 岁，这样我就比苹果大。"

于是，有趣的现象出现了，桂圆说自己 7 岁了，葫芦说自己 8 岁了，源宝笑着说自己可能已经 10 岁了。米豆发现小伙伴们说的数字越来越大，为了超过别人，他说："我已经一百岁了!"忆宸反驳说："你这是吹牛吧，你怎么可能一百岁呢!"米豆不服气，跳起来说："不对，我一千岁了!"孩子们都哈哈大笑起来，米豆自己也笑了。

待大家从狂热的"胡说年龄"的状态中平复下来后，我总结道："比大小，可以直接比较代表年龄的数字的大小，数字越大，年龄就越大。"但比较这个数字的大小，并不能精确地比出每个孩子的大小。于是我又抛出了问题："忆宸和苹果都是 5 岁，那他们俩真的一样大吗?"

大部分孩子都点点头，但苹果有点疑惑，她依然觉得自己是全班最大的小朋友。

我："如果年龄是同样的数字就代表一样大，那为什么每个人都有不同的生日呢?"

苹果：“我是 9 月生的，爸爸说我是（班里）最大的。”

亦可：“生日里的数字也可以比，我的生日是 11 月 3 日。”

米豆：“我知道了，比比我们生日的数字就行了。（生日的）数字大的就更大了，如果（生日的数字）一样大，（人）就一样大。”

听到这儿，我没有急着纠正米豆的说法，而是想让他们在一步步的探索中自己发现问题。

我：“你们知道自己的生日吗？”

忆宸：“我的生日是 12 月 9 日。”

大团：“我的生日是 5 和 11。”

小新：“5 月 11 日吗？还是 11 月 5 日？”

大团：“我不记得了。”

米豆：“我记得妈妈告诉过我，但我好像有点忘了，太难记了。”

在孩子们的朴素认知中，比较生日中数字的大小是比较“科学”的办法。但是，一部分孩子对于自己生日的具体日期还不清楚，所以，我们把孩子们

序号	姓名	小名	出生年月	性别
01	[illegible]	小苹果	2017 年 9 月 14 日	女
02	[illegible]	米豆	2017 年 9 月 22 日	男
03	[illegible]	小新	2017 年 10 月 3 日	男
04	[illegible]	天天	2017 年 10 月 23 日	女
05	[illegible]	无	2017 年 11 月 3 日	女
06	[illegible]	安安	2017 年 11 月 9 日	男
07	[illegible]	米米	2017 年 11 月 27 日	女
08	[illegible]	米多	2017 年 12 月 9 日	男
09	[illegible]	禾宝	2017 年 12 月 25 日	女
10	[illegible]	无	2018 年 1 月 12 日	男
11	[illegible]	Amy	2018 年 1 月 19 日	女
12	[illegible]	袁袁	2018 年 2 月 3 日	女
13	[illegible]	飞飞	2018 年 2 月 8 日	男
14	[illegible]	美美	2018 年 2 月 13 日	女
15	[illegible]	桂圆	2018 年 2 月 20 日	男
16	[illegible]	大米	2018 年 2 月 25 日	男
17	[illegible]	笑笑	2018 年 3 月 2 日	女
18	[illegible]	桐桐	2018 年 4 月 7 日	女
19	[illegible]	朗朗	2018 年 5 月 8 日	男
20	[illegible]	大团子	2018 年 5 月 11 日	女
21	[illegible]	小团子	2018 年 5 月 11 日	女
22	[illegible]	小宝（弟弟）	2018 年 6 月 28 日	男
23	[illegible]	米多	2018 年 6 月 29 日	女
24	[illegible]	牧牧	2018 年 7 月 13 日	男
25	[illegible]	豆豆	2018 年 07 月 19 日	男
26	[illegible]	淌淌	2018 年 07 月 24 日	男
27	[illegible]	葫芦	2018 年 8 月 8 日	男
28	[illegible]	源宝	2018 年 8 月 18 日	男
29	[illegible]	果果	2018 年 8 月 20 日	女
30	[illegible]	小海星	2018 年 8 月 26 日	女

图 1　班级幼儿生日列表

图 2　孩子们自己制作的生日牌

的生日日期列成表格打印了出来，引导他们认识自己的生日。但孩子们很快提出了问题，他们只认识表格中的数字，却看不明白具体的日期。经过讨论，孩子们决定用前书写的方式，把自己的生日写下来，用月亮表示“月”，用太阳表示“日”。这样一来，日期就变得很直观，也便于比较大小。

“比生日大小要反过来看!”

孩子们写好自己的生日牌后，迫不及待地开始和身边的小朋友比大小。海星拿起自己 8 月 26 日的生日牌，看了看钧甯 6 月 29 日的牌子，说：“我的是 26，比你的 6 要大，我比你大。”钧甯没有回应海星，但她看了看源宝 8 月 18 日的生日牌，说：“源宝，我是 6，你是 8，你比我大。”豆豆拿起生日牌看了看，问：“比哪个呀？有两个数字。”

我把这个问题抛给了全班小朋友：“比生日大小到底应该怎么比？随便比两个数字就行吗?”

小新：“根本就不是随便比，要看月份。苹果是 9 月，她就比我大，我是 10 月的。”

小新的回答让我很惊喜，他不但知道要比较两个表示月份的数字，还认识到了并不是数字越大年龄就越大，而是恰恰相反，这说明小新对序数和基数的不同意义也有了一定的认识。但考虑到班里大部分小朋友的相关经验还没有建立起来，所以，我决定先从小新提到的另一个关键信息——月份和月份相比入手，引导孩子们先关注月、日之间的关系。于是我问道：“为什么不能把代表月的数字和代表日的数字相比呢?”

小新：“因为那样不对啊。(要)月跟月比，日跟日比，一样的放一起比，这样才对。”

在小新的提醒下，孩子们意识到，生日中的不同数字代表着不同的意义。比较大小时，需要把相同位置上的数字放在一起比较。

我提议孩子们先试试比较同一个月出生的小朋友的大小。当时正好是 2

月份，孩子们很快挑出了 2 月出生的小朋友的生日牌，一共有 5 个。

米豆："大米最大，因为他的数字是 25，是最大的。"

我："好像是的，都是 2 月，我们只要比较日就行了。25 确实是（这几个代表出生日的数字里面）最大的数字，所以大米最大。你们同意吗？"

约一半孩子点头，其他孩子没有作出回应。

安桐："我觉得不对呀，越早出生才是越大的。就像我比妹妹早生，我就比她大，25 是最小的，它在最后。"

我期待的疑问终于出现了，但似乎其他孩子还没有意识到序数和基数的不同意义。

于是我追问："为什么 25 是最小的呢？它在这些数字中是最大的呀！"

米豆："对呀，安桐说错了吧，25 就是最大的！"

忆宸："我知道了，日历上 25 就是在后面的，我们还没到 25 号呢。"

忆宸提到日历（孩子们所说的"日历"实际是"月历"，考虑到孩子的认知水平，老师没有当即纠正他们，而是尊重他们现阶段的水平，并且也使用了"日历"这一词语）后，孩子们把目光放到了班级的大日历上。

从小班下学期开始，班里每天晨间谈话时孩子们都会一起查看日历，并将当天的日期圈出来。到中班上学期，孩子们对日历已经有了一定的经验，大部分孩子能够根据日历上的标记说出当天的日期了。

我："今天是几月几日？"

孩子们："2 月 14 日。"

我："25 日到了吗？"

孩子们摇头。

我："为什么数字大的反而没到呢？"

小新："日历就是这样排的，小的在前面，大的在后面，1、2、3、4、5、6……像这样。"

孩子们都点头表示同意。

我："1 号，代表着是这个月的第几天？"

孩子们："第 1 天。"

我："那袁袁出生的 3 号是 2 月的第几天？"

孩子们："第 3 天"。

我："8 号呢？"

孩子们："第 8 天。"

我："大米的 25 呢？"

孩子们："第 25 天。"

米豆："老师，这也太简单了，数字是几就是第几天啊！"

我笑着追问："那我们是先到一个月的第 3 天，还是先到一个月的第 25 天？"

米豆："当然是第 3 天了。"

我："所以，是袁袁先出生还是大米先出生？"

孩子们："是袁袁！"

米豆："啊哈，我知道了，她是 2 月最前面生的，她才是最大的。"

我发现孩子们逐渐体会到了序数和基数的区别，但对这两个概念的理解似乎还不是十分清晰。于是，我引导他们尝试用数学语言表达自己的发现。

我："谁来说说刚才在比大小时我们的发现？"

米豆："数字是几就代表是第几天生的，可以看日历知道先到哪一天。"

袁袁："比（生日）大小要反过来看的，数字大的说明他后过生日，小的先过生日。"

安桐："数字小的是先出生的，数字大的反而小。因为日历是从 1 开始排的。"

我："原来，比生日大小的时候，我们要先知道生日在哪个月，再看是哪一天。数字小的说明早出生，数字大的反而晚出生。"

就这样，孩子们顺利排列出了 2 月出生的小朋友们生日的早晚顺序。

图 3　按小朋友们出生早晚顺序排列的 2 月生日牌

“1 月”大还是“9 月”大？

孩子们逐渐理解了同月生日比大小的方法，也似乎关注到了序数和基数的不同。而生日不同月的，比较谁大谁小，方法其实是类似的，但还存在年份这个影响因素，孩子们目前还没关注到。

我：“如果生日不同月怎么办？哪个月的小朋友最大？”

安安：“日历上第一个月是 1 月，当然 1 月（出生）的小朋友就是最大的呀！”

苹果：“我爸爸说 9 月（出生的）是最大的！”

浩岳：“不对呀，先过 1 月，1、2、3、4、5、6、7、8、9，8 月过完才是 9 月，你不是最大的。”

苹果有些着急了，但又不知道原因所在，只能不说话。班内安静了下来，我想等等孩子们，看看个别对时间或日历经验比较丰富的孩子能否解答这个问题。

经过一段时间的沉默，小新突然说话了：“对的，我比较大，我是 2017 年出生的，你们（出生）比我晚。苹果可能也是 2017 年的。”

小新的答案抛出以后，班里孩子们有了回应。

忆宸：“对了，我也是 2017 年出生的。”

安桐：“我是 2018 年 1 月生的。”

看到孩子们发现了年份的奥妙，我觉得是时候帮他们进行一下梳理和总结了，于是问道：“你们觉得，比大小的时候，到底要关注哪些东西呢？”

米豆：“2 月的只要比较日期就行了。”

我：“同一个月份比较，只需比较日期。那不同的月份呢？”

大米：“要先看年，如果年比较早，就是大的。”

亦可：“还有月，不同月份（出生的）就是比较月。”

我：“那应该先比较日，还是月，还是年呢？”

小新：“年月日呀，是这个顺序。”

于是我们梳理出，在比较生日的大小时要先比较年，再比较月，最后比较日。

通过集体讨论，小朋友们梳理清楚了比较生日大小的方法和逻辑，但每个孩子的经验水平不同，我想还要在实际操作中让不同水平的孩子都能够掌握这个方法，于是我决定让孩子们在游戏中充分练习，也丰富他们有关序数和基数的经验。我告诉孩子们：“生日比大小的游戏会投放到数学区中，请小朋友游戏时去试一试，看看能不能比出自己和好朋友谁大谁小，也可以挑战比较多个小朋友的大小。”

我们来比大小

有了生日牌这个“小玩具”，孩子们对比大小的兴趣还是非常浓的。吃完点心后、区域游戏时、散步前等很多时段，孩子们三三两两围在生日牌前，摆弄着，讨论着。在他们游戏的过程中，我也在默默观察着。我发现孩子们果然表现出了不同的水平。

驾轻就熟的小新

小新注意到我在备课时把生日牌按照从大到小的顺序排好，贴在了黑板上，于是在区域游戏时间，他也学着老师把生日牌排列在了黑板上。我发现他先按颜色（性别）把生日牌分成了两部分，然后从 9 月开始，按照 9

月～12 月、1 月～8 月的顺序依次把所有生日牌都排列好了。他还做了总结：女生没有 7 月出生的，男生没有 3、4 月出生的。

图 4　小新给生日牌排序

严谨的米豆

米豆首先尝试了给 2 月的生日牌排序，他说："我要试试 2 月的，刚才排过了，比较简单。"他很快排了出来，接着，他又试着排 9 月的，因为他自己是 9 月出生的，他发现只有他和苹果两个人在这个月出生，苹果是 9 月 14 日，他是 9 月 22 日。

米豆："14（日）应该先过，苹果比我先过生日，她比我大。"

我想看看他是不是真的理解了生日比大小的方法，于是故意说："22 比 14 大哎！"

米豆："啊呀，14 是第 14 天，22 是第 22 天，（出生日）数字小才是大的。"

我："那你和忆宸谁大呢？"

忆宸："我是 12 月 9 日。"

我："9 月（出生的）和 12 月（出生的）谁大呢？"

忆宸："好像是 9 月吧！ 9、10、11、12，是这样的。"

米豆有些不确定："呃……我们去翻一下日历吧！"

在翻日历确认后，他们的看法达成了一致，米豆比忆宸大。

热衷于比数字大小的源宝和钧甯

源宝：“我的（出生月份）8比你的（出生月份）6大，牧牧的（出生月份）7是中间的。”

钧甯：“我的（出生日期）29比你的（出生日期）18大，也比13大，我赢了！”

我：“那到底谁比较大呀？”

源宝：“我们看看日历吧。是先过6月，8在最后。”

我：“所以谁大呢？”

源宝：“钧甯最大，牧牧第二，我最后。”

听到自己最大后，钧甯开心地哈哈大笑起来。

图5　钧甯、牧牧、源宝的生日牌

比大小活动推进到这里，我认为非常有效的一个做法是“用魔法打败魔法”。活动中我很少直接给孩子们答案，但会及时抓住孩子们的“吐槽”、疑问、关键词句，借此引导他们发现新的问题，再引导他们探索新的经验。这样的模式可以让孩子们在轻松的游戏氛围中开动脑筋、积极思考，在不知不觉中获得经验的拓展。我也意识到，作为引导者，尤其是在数学活动中，我们要有足够的耐心，让处于不同发展水平的孩子以不同的速度发现问题，在他们需要的时候引导他们，推进其经验的迭代，切忌操之过急。

日历和生日

在观察了几天孩子们比谁大谁小的实际操作后，我发现活动还有改进的空间：一部分孩子在比较生日大小的时候需要借助日历，但一个个对比生日牌和日历上的数字时需要来回翻看日历，这对中班下学期的孩子来说还是不够直观，我想在日历上标记出小朋友的生日，不仅能够帮助他们更直观地比较谁大谁小，而且，还能在每天圈日历的环节激发他们对生日本身的关注。于是，我请小朋友们在班级的日历上找到自己的生日，并贴上自己的标记。大部分孩子很快完成了任务，但有几个孩子始终都找不到。在指导这几个孩子的过程中，我又一次深刻意识到孩子们之间水平的差距，也坚定了要耐心地了解每一个孩子的经验水平，并帮助每一个孩子提升经验水平的信念。

图 6　大团子、小团子的生日牌

大团子和小团子是一对双胞胎，都出生于 5 月 11 日。在贴生日标记时，她们俩都有点不知所措。我引导她们先看生日牌上的数字，小团子找到了数字 11，说："我是 11 月（出生的）。"一旁围观的亦可立刻说："不对，你是 5 月（出生的），11 后面是小太阳。"

小团子还是似懂非懂的，但大团子反应了过来，她把日历翻到了 5 月，找到了 11 号后把自己的标记贴了上去。小团子也跟着把自己的标记贴在了姐姐的标记旁边。

我问小团子为什么贴在那里，她说："因为我和姐姐是同一天生日呀！"

我又问大团子："为什么要翻到 5 月？"

大团子："先看月亮前面的（数字），再看后面的（数字）。"

大团子、小团子是班里年龄比较小的一批孩子中的两个，她们对生日、日历的认知还不太清晰，但能够看到，大团子在贴生日标记的过程中，对生日中日、月的意义有了进一步的认识。

豆豆的生日在 7 月 19 日，在日历上寻找自己的生日时，他指着 6 月的 19 日问：“是这里吗？”

我问旁边的钧甯：“你觉得是在这一页吗？”

钧甯说：“是的。”

一旁的小新纠正说：“不是的，这是 6 月 19 日，你是 7 月 19 日。”

我问豆豆：“你知道 7 月在哪里吗？”

豆豆摇摇头，小新帮他翻了一页，指着数字 7 说：“这里是 7 月。”

日历继续往后翻，钧甯指着下一页的“8”说：“源宝你看，这是 8 月。”

源宝：“我的生日就在 8 月。”

我问钧甯：“那你的呢？”

源宝帮忙往前翻，翻到了 6 月，说：“钧甯的（生日）在这里。”

我：“你们要不要再翻翻，看看代表月份的数字有什么规律？”

他们很兴奋地将日历从头翻了一遍，总结说日历上的月份是从 1 到 12 排列的。

所有孩子都在日历上标记出了自己的生日，在这个过程中，不同经验水平的孩子都在自己原有的水平上有所进步。

大米看着日历，总结道：“小标记在前面的就是大的，在后面的就是小的。”

我：“如果用数字来说呢？”

大米：“（出生月份和日期）数字小的人就是大（的），（出生月份和日

图 7　孩子们标记出自己的生日

期）数字大的人就是小（的）。”

我意识到大米的总结并不适用于整本日历，因为在这本日历上，9 月在 8 月之后，但实际上，“9 月”是 2017 年 9 月，“8 月”是 2018 年 8 月，都标注在同一年的日历上，这使得小朋友在比较不同年份出生的人谁大谁小时就不够直观，甚至可能使一些孩子产生误解和困惑。为了解决这个问题，我们想到要换一种形式呈现全班小朋友生日的先后顺序，让他们更加直观地看到年份对年龄大小的决定作用。

“生日列车”排排坐

其实，在一开始进行主题环境创设时，我和班级老师就特地做了一辆有 12 节车厢的小火车，布置在了班里的墙面上，为孩子们比较生日的大小做准备，现在是时候让孩子们利用起来了。于是，在孩子们将全班小朋友的月份牌按月份分好类，准备排序时，我提醒道：“是不是可以做一些月份板，把同一个月（出生）的小朋友（的生日牌）摆放在一起，这样能更清楚地区分不同月（出生）的小朋友。”虽然孩子们之前并没有把墙面上的小火车和“生日”联系起来过，但环境总是能给孩子潜移默化的影响。听到我的提醒，他们很快想到了墙面上的小火车，米豆兴奋地跑去数了数，正好有 12 节车厢，和小朋友生日所在的月份数量是一样的！

为了让孩子们更清楚地认识到生日中的年份对年龄大小的影响，我尝试引导孩子们比较 2017、2018 这两个数字的大小。我先是请孩子们比一比 17 和 18 的大小，孩子们非常快速地说出 18 更大。但推导至 2017、2018 时，只有个别数概念发展得非常好的孩子能够理解，大多数孩子都没太反应过来，确实四位数比大小对孩子们来说比较难。这时我想到，在之前的活动中我们接触过十二生肖，班里大部分孩子对十二生肖都比较熟悉，还会背生肖顺口溜，于是我引导他们从生肖的角度区分属鸡和属狗的小朋友谁在前、谁在后。他们意识到鸡在狗的前面，那么属鸡的小朋友肯定就排在前面！虽然生肖是依据我国传统的农历来确定的，与阳历的跨年分界线有出入，但孩子们结合生肖、年份和月份，最终顺利排出了月份车厢的顺序：先排 2017 年 9 月到 12 月的，再排 2018 年 1 月到 8 月的。之后，孩子们用扭扭棒做出了每个月的月份数字，并按这样的顺序把它们贴在了车厢上。

图 8　孩子们用毛根制作月份数字

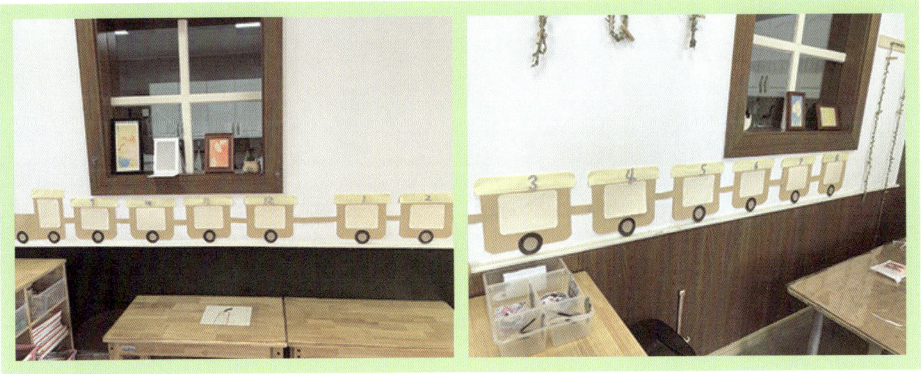

图 9　生日列车就位啦

在“生日列车”上贴好了“车厢号”，下一步就是“乘火车”啦！4 月出生的桐桐火速确认了自己的车厢位置，班里只有她 1 个人的生日在 4 月，她没有遇到月内比大小的问题。11 月出生的小朋友就多了，有 3 日出生的亦可、9 日出生的安安、27 日出生的米米，他们把生日牌放进 11 月的车厢后，发现了同月的“邻居”，亦可很快把自己的牌子挪到了最前面，但是安安和米米还没反应过来。于是，我提醒他们，“生日列车”上要按照生日从大到小的顺序坐，请他们思考一下是不是需要调整“座位”。这时，亦可拿来了日历，她指着 9 和 27 两个数字，说：“先到第 9 天，安安应该在中间。”米米想了想说：“那我的 27 是最大的，应该在最后才过到，我应该坐最后面。”

图 10　生日列车“11 月”车厢

当然，还是有小朋友不太清楚自己的生日牌应该“坐”在哪里，在向同伴寻求帮助。钧甯拉着源宝问：“6 月在哪里呢？”源宝指着自己的 8 月车厢，说：“这里是 8，前面是 7 月，再前面就是你的。”6 月的车厢里已经有一位“乘客”了，是小宝的生日牌，上面写着“6 月 28 日”，而钧甯的是“6 月 29 日”。钧甯有些犹豫，不知道自己的生日牌该放在小宝的前面还是后面。

源宝对钧甯说：“28 比 29 大。你在前面，你更大。”

我明白源宝说的“28 比 29 大”是指生日的大小，但他说钧甯更大，显然是哪一步的思维出错了，于是我问道：“是吗？是先过第 29 天吗？”

源宝很快摇摇头，说：“不对，钧甯后过生日，应该是小宝在前面。”

……

大家都“乘”上“生日列车”后，孩子们还主动提出要装饰一下“生日列车”，使它更漂亮，于是，孩子们在区域游戏时间用轻黏土制作了蛋糕、蜡烛、棒棒糖等，并将它们装饰在“列车”上，非常用心。

图 11　装饰好的“生日列车”

在和孩子一起探索“生日列车”的过程中，我深刻体会到了经典活动、经典环创的“经典”之处。“生日列车”主题看似简单，却要一步一步地从孩子们的经验中引出，再在一次一次的互动中提升孩子的经验水平。在这个过程中，我看到了环境的力量，也看到了孩子们自己的力量。

当然，总是有慢一些的孩子，但是慢不代表着没有关注、没有兴趣，即使是旁观时，孩子们也在汲取经验。在活动前期，豆豆的参与度不是很高，但是，他常常站在“生日列车”前观察。一天，他跑来问我：“我在溏溏前面，是不是我比溏溏大？”豆豆和溏溏都是 7 月份生的，豆豆的生日是 19 号，溏溏的是 24 号。我问：“为什么在前面的比较大呢？”豆豆不说话了。我又问：“24 和 19 谁大呢？”他想了想说：“24 比 19 大。”我接着问：“那到底是你大还是溏溏大呢？”豆豆说：“我也不知道，苹果说我比溏溏大。”基于豆豆的经验水平，他现在能关注到数字本身的大小，还能正确比较，我觉得这已经是非常大的进步了，虽然比较生日大小的方法他还没有完全理解和掌握，但他有了这方面的兴趣，我相信他很快就能更进一步了。

小葫芦起初对比较生日的大小完全不关注，他每天最大的兴趣就是把小朋友们的生日牌摘下来弄乱，引发大家的尖叫。于是，我给他提了一个要求，如果要摘生日牌，就要看看、说说生日牌上的日期。之后，每次发现小葫芦在玩生日牌时，我都会引导他说一说上面的日期，问一问：“这个（生日牌）

为什么放这里呀？8和18谁大呀？到底是先过第8天还是第18天呢？”在一次次的交流中，小葫芦慢慢有了一些生日比大小的概念。

孩子们每天都会在生日列车前观察、讨论、摆弄生日牌，对生日比大小愈发熟练了。一天，我问他们：“为什么我们班没有比苹果大的小朋友呢？”

忆宸：“因为没有9月14日之前出生的了呗！”

我：“那9月份之前出生的小朋友去哪里了呢？幼儿园里有没有？”

米豆：“其他班可能有。”

我：“哪个班（小朋友）会比我们还大？”

他们很快反应过来，说：“是大班的哥哥姐姐！”

我：“那比海星小的小朋友呢？”

小朋友们：“在小班呀！”

由此，孩子们更清楚地意识到时间是连续的，年、月、日都是有连贯性的。

后来，在散步时，我们发现了中二班的“生日棋”。他们将班内孩子的生日从大到小排序，填在棋盘上，当棋子落在标注了生日的棋格里时，孩子们就要说一说这是谁的生日，是几月几号，还要和相邻的两个生日比一比，说一说谁大、谁小。我们觉得这真是一个非常好玩又有益的游戏，一定要借鉴过来！

图12　中二班的“生日棋”

感悟与反思

1. 融于生活、环境中的数学，孩子才会觉得有用、有趣

生日比大小源于孩子们的讨论，与孩子们过生日的经验有关。孩子们表面上在学习生日比大小的方法，背后其实是对数概念，尤其是对基数和序数意义的一次探索。数学中抽象的概念对于幼儿来说或许很难理解，但幼儿的数学学习并不是概念学习，而要在生活中、游戏中去探索和运用。一旦抽象概念与他们的生活经验相结合，数学就变得有用、有趣起来，孩子们的数学水平也会在这一次次的运用中慢慢提升。

不管是生日牌、日历，还是生日列车，都是环境中与数学相关的内容，孩子们在日常生活中能接触到很多“数学”，也能和数学环境发生很多互动。正是这样的环境渗透，给予了孩子们观察、互动、思考的机会。日复一日的“旁观”，被同伴带动的“参与”，获得小成就后的“主动探索”，不管是何种形式，只要孩子们愿意关注，那么他们就走进了数学领域。

2. 数学游戏推进时，教师要做到“意识在前，行动在后”

在推动孩子掌握新的数学经验时，教师一定不能操之过急。我们需要提前思考清楚，对于这一年龄段的幼儿而言，他们究竟需要什么样的关键经验，这一关键经验的前一环是什么，后一环又会向哪里发展。例如，对豆豆和小葫芦来说，在引导他们探索序数和基数的意义之前，帮助他们建立、巩固基本的基数概念是非常必要的；对于米豆、安安这些基数概念掌握得较不错的孩子，就可以引导他们在多次练习中探索基数和序数的不同之处。

只有对幼儿的数学经验发展轨迹做到心中有数，我们才能够在面对幼儿时及时捕捉他们抛出的关键信息，当关键信息出现后，我们则需要思考：提供何种材料，运用何种方法，如何及时跟进，以持续激发幼儿在数学游戏中的探究兴趣。

专家点评

这是一场由“讨论生日大小”引发的奇妙旅程。在这段旅程中，教师是幼儿经验生长的引导者。幼儿在讨论中关注到了生日大小的问题，但是并不十分清楚应该如何进行比较。教师没有直接告知幼儿答案，而是及时抓住幼儿的疑惑与发现，通过不断抛出问题，引发幼儿的思考和讨论。在引导的过程中，教师根据幼儿的问题和已有经验循序渐进，从比年龄过渡到比出生日期；在比出生日期时，先从较为简单的同月生日比大小入手，再过渡到跨月生日比大小，最后借助生肖帮助幼儿理解出生年份对生日比大小的重要影响，帮助幼儿逐渐建构比较生日大小的经验。更重要的是，教师还通过“生日牌”游戏、在日历上找生日、“生日列车”排排坐等形式多样的活动帮助幼儿继续丰富和巩固新经验。

另外，教师能够关注个体幼儿的数概念发展路径。生日日期的比较涉及数字大小的比较、基数与序数意义的认识。幼儿在数概念的发展水平上存在个体差异是客观事实。在同样的问题情境中，教师看到了驾轻就熟的小新，严谨的米豆，似懂非懂的小团子……难能可贵的是，教师能够做到尊重差异，耐心了解每个幼儿的发展水平，帮助班级的每个幼儿在活动中找到源于他们自身的兴趣点，并获得成功的体验，促使每个幼儿都能在自身原有的经验水平上获得提升。这无疑需要教师对幼儿的数学学习路径了然于心，对每个幼儿的发展阶段了如指掌，对处于不同发展水平幼儿的促进策略了然于胸。

“生日列车”已经开动，载着每一个孩子的思考与不断生成的经验，驶向梦想的远方……

南京师范大学　臧蓓蕾

“活玩具”探究记

大二班　杨柳　陈佳妮

“这个玩具又不能变，也没什么要（我们）动脑筋的（地方），就是一个普通的玩具，算不上‘活玩具’。”“我觉得可可的手指玩具是个‘活玩具’。你们看，不是可以灵活我们的手指吗？而且还可以用这些指偶来讲故事呢！”

9 月，新学期伊始，大班年级组经过多次讨论，决定开展“我们的鹤琴爷爷”主题课程，以期让孩子们了解作为我们幼儿园名字来源的这位儿童教育家——陈鹤琴爷爷，同时了解鹤琴爷爷对小朋友们的要求，再把要求对应到自己的生活中，使自己不断进步。

虽然孩子们已经在鹤琴幼儿园生活、学习了两年，但他们对鹤琴爷爷的了解还仅限于幼儿园大厅里的鹤琴爷爷雕像，于是我们决定先请家长协助孩子完成一份“鹤琴爷爷调查表”。

图 1　完成的“鹤琴爷爷调查表”

在对孩子们的调查表进行分析的时候，我们惊喜地发现了孩子们一个共同的兴趣点——鹤琴爷爷的玩具。大部分孩子的调查表中都提到了鹤琴爷爷设计的玩具，如小窝的调查表中提到了鹤琴爷爷的成就之一是为小朋友们设计了很多玩具，哒哒的调查表则显示哒哒对“为什么鹤琴爷爷要做那么多玩具？有哪些？”这个问题很感兴趣。不仅如此，有的孩子在完成调查表的过程中，就自发地向鹤琴爷爷学习，自己设计或制作了玩具，并带到了幼儿园。小蘑菇的妈妈说小蘑菇非常佩服鹤琴爷爷可以自己设计玩具，因此他在家也开始涂涂画画，进行玩具创作；小柠檬则和妈妈一起，仿照着鹤琴爷爷设计的摇船制作了一个“摇船”纸模型；晨语也想像鹤琴爷爷那样为小朋友做玩具，于是他制作了一个“X 光飞碟”。

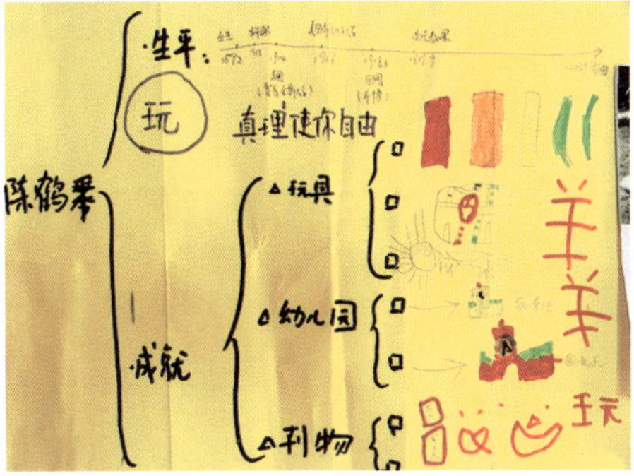

图 2　小窝的调查表

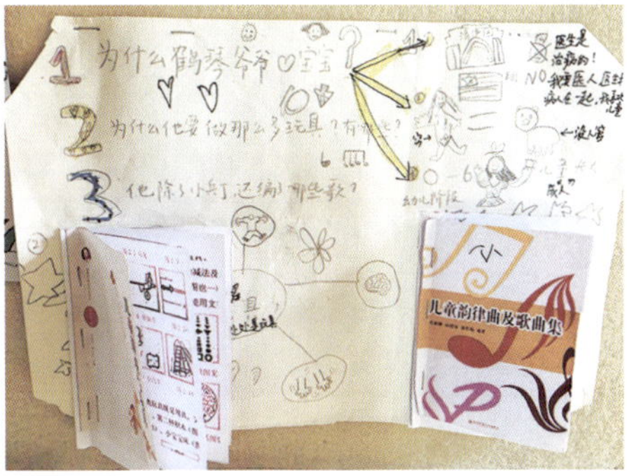

图 3　哒哒的调查表

图 4　小蘑菇在设计玩具

图 5　小蘑菇的玩具设计图

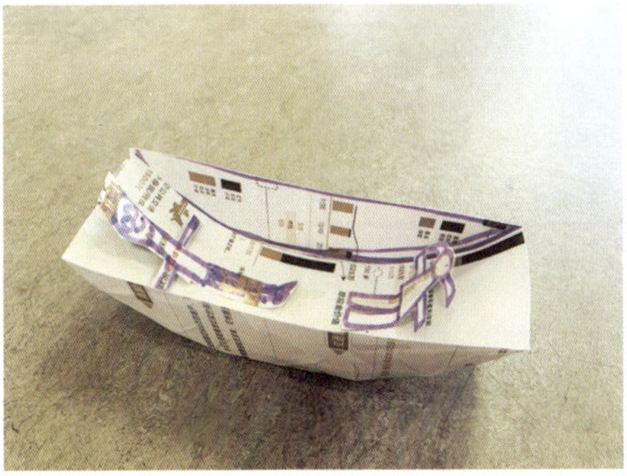

图 6　小柠檬的“摇船”纸模型

图 7　晨语的原创玩具“X 光飞碟”

孩子们对鹤琴爷爷的玩具表现出来的探究兴趣，是不是向我们指明了支持孩子进一步探究的方向呢？是，但还不够。我们还需要思考如何将这一具备可能性的探究线索与主题目标关联起来。

通过梳理《陈鹤琴全集》中有关玩具的研究内容，我们更全面地了解到陈鹤琴先生不仅精通玩具相关理论，倡导玩具要有科学性、教育性、趣味性，更付诸了几十年的实践研究。他曾提出“玩具——儿童的第一本书”，视玩具为对幼儿实施全面教育的物质基础。

这些资料给了我们启发：一方面，对“玩具”展开探究符合孩子们的兴趣，能拉近他们与鹤琴爷爷的距离，进而吸引他们更主动、更深入地去了解鹤琴爷爷；另一方面，按照鹤琴爷爷的理念，同时具有科学性、教育性和趣味性的玩具本身就是“活教材”，具有很高的探究价值。于是，大二班的孩子们用“玩具”开启了与鹤琴爷爷的隔空互动！

鹤琴爷爷与玩具

探秘“鹤琴爷爷的玩具”

通过制作调查表，孩子们已经对鹤琴爷爷和他设计的玩具多多少少有了一些了解，下一步该如何去丰富孩子们的已有经验呢？出现在哒哒的调查表上的一本书——《儿童游戏与玩具》恰逢其时地进入了我们的视野。这本书系统地呈现了陈鹤琴先生有关“儿童游戏与玩具”的理论与实践研究成果，不仅可以帮助老师系统、深入地了解鹤琴爷爷对玩具的研究，还可以转化为孩子探究的内容。要如何转化呢？我们就此展开了班组教研，发现这本书的前言部分概括性地介绍了陈鹤琴先生与儿童玩具的相关历史事件，就像一篇故事一样娓娓道来。我们不正可以抓住孩子们都爱听故事的特点，把这个故事讲给孩子们听，以激发他们进一步探究的欲望吗？于是，我们将这本书前言部分提到的鹤琴爷爷与玩具的相关历史事件改编成了《鹤琴爷爷与玩具的故事》，讲给孩子们听。

鹤琴爷爷与玩具的故事

鹤琴爷爷是我们国家著名的教育家、儿童教育专家。他一直都觉得“游戏和玩具”对小朋友来说特别重要。

鹤琴爷爷曾经说过，“儿童是以游戏为生命的”。所以，他花了几十年的时间对儿童玩具进行研究实验，写了很多有关玩具的文章，设计了很多有趣、好玩的玩具。不管他去什么地方，在哪个幼儿园、小学或者是大学，他都会设立一个专门的儿童玩具厂，生产各种有趣的儿童玩具。

鹤琴爷爷特别重视中国传统优秀玩具，喜欢向民间的艺人学习，还改造各种各样的民间玩具，使他们成为给孩子游戏和教育的好帮手。比如，他把民间的捏面泥引入幼儿园，使它成为孩子做泥工的好材料；把街头的转糖盘改造成教小孩子识字的“益智盘”……不仅如此，鹤琴爷爷也特别喜欢学习外国的好的经验，每一次他去国外开会或者学习，都会带回一大堆的儿童玩具，从中获取灵感，设计生产出更多丰富有趣的玩具。

鹤琴爷爷对玩具事业的关心在他生命中持续很长一段时间。1939 年，当我们国家在进行抗日战争的时候，鹤琴爷爷被敌人追击，生命都受到了威胁，可他在逃离上海的时候，还一直嘱咐他的助手一定要把玩具厂的设备隐藏好，这样，等到战争胜利，就还可以继续为孩子们生产玩具。在他 88 岁那年，因为生病住进了医院，即使是在病床上，他还写下了长长的建议信，建议设立一个全国的玩具研究部门，让更多有智慧的人加入到研究儿童玩具中来！

——改编自《儿童游戏与玩具：代序部分》(陈秀云)

图 8 《鹤琴爷爷与玩具的故事》

孩子们听完鹤琴爷爷与玩具的故事后，热烈地交流起来。

申申说：“鹤琴爷爷觉得小朋友最喜欢的是玩玩具和做游戏，真是太了解我们了！”

大妞补充道：“鹤琴爷爷不仅了解我们，还很有办法呢！捏面泥可以做泥丁，我在夫子庙玩的时候就看过面人，是面粉做的，和我们玩的黏土很像。”

诺诺骄傲地说：“我就说了吧，鹤琴爷爷是了不起的人物！”

一向感情细腻的柚柚说：“鹤琴爷爷把玩具看得很重要，打仗的时候还想着为孩子们做玩具的事情，我很感动。”

朵朵也接着说：“我都有点想哭了。”

小蘑菇格外地激动与好奇：“鹤琴爷爷是怎么把糖盘变成益智盘的呢？”

……

孩子们更加期待去了解更多关于鹤琴爷爷与玩具的故事了，哒哒和蕊蕊甚至还主动跑到调查表分享墙前去寻找线索。

基于此，我们顺势开展了活动“鹤琴爷爷的玩具盲盒”，将《儿童游戏与玩具》这本书中以图例形式呈现的鹤琴爷爷为孩子们设计、制作的玩具与孩子们当下最喜欢的玩具盲盒结合起来，请孩子们自由组队，每个小组抽取一个装着玩具设计图的盲盒，探究鹤琴爷爷设计的这个玩具的名称、材料、玩法等，得出结论后再向全班进行介绍。

孩子们兴趣高涨，很快就结成了不同的探秘小组，迫不及待地抽取盲盒，自主地展开了探究。

图 9 从左到右，玩具名称分别是：益智盘、认数板、贴绒玩具、打靶枪

“糖盘”变成“益智盘”，原来是鹤琴爷爷将卖糖画用的转盘巧妙地转化成了百科全书图解，小朋友们可以通过转动转盘自然而然地学习百科知识，糖画盘的底板可以根据小朋友的兴趣与需求进行更换。“认数板”和班级数学区的点子卡片很像，小朋友需要根据卡片上的“点子”找到对应的“数字”。“贴绒玩具”是一种嵌板类拼图，小朋友要把动物身体的组成部分拼起来，还原出完整的动物形象……

除此之外，“鹤琴爷爷的玩具盲盒”里还有摇马、滑梯、陀螺珠盘、木偶、套盒、转图盘、嵌盘等。各个小组交流完各自的探究成果后，忍不住发表了自己的感想。

小蘑菇：“鹤琴爷爷设计的玩具真是太妙了！”

妞妞：“对我们小朋友来说，光看样子就能猜出来是怎么玩的！”

杰瑞：“而且很多玩具我还玩过，比如拼图，所以很容易猜出来。”

申申：“这个弓箭（打靶枪）我好喜欢！我还想继续研究。”

“鹤琴爷爷的玩具”交流会

通过听故事和研究玩具设计图纸，孩子们关于鹤琴爷爷与玩具的经验得到了丰富，他们也更加关注有关鹤琴爷爷与玩具的话题。杰瑞和思远好奇地想知道鹤琴爷爷为什么能设计出这么多有趣的玩具，小蘑菇了解到南京的鼓楼幼儿园是鹤琴爷爷创办的，园内至今还珍藏着鹤琴爷爷当年亲手设计和制作的玩具，于是他非常想知道鼓楼幼儿园里收藏了哪些鹤琴爷爷的玩具……

于是，一场特别的见面会即将在鹤琴幼儿园举行——大班年级组特别邀请到陈鹤琴先生的孙女陈虹奶奶和他的学生唐淑奶奶来园，希望她们和孩子们分享更多关于鹤琴爷爷的故事。

见面会开始前，年级组要收集每个班想要了解的关于鹤琴爷爷的事情。得到消息后，我们班的孩子格外激动，一致希望奶奶们多讲一讲“鹤琴爷爷与玩具”的故事，同时他们也将自己有关鹤琴爷爷与玩具的问题记录了下来，提前做好了与奶奶们互动的准备。

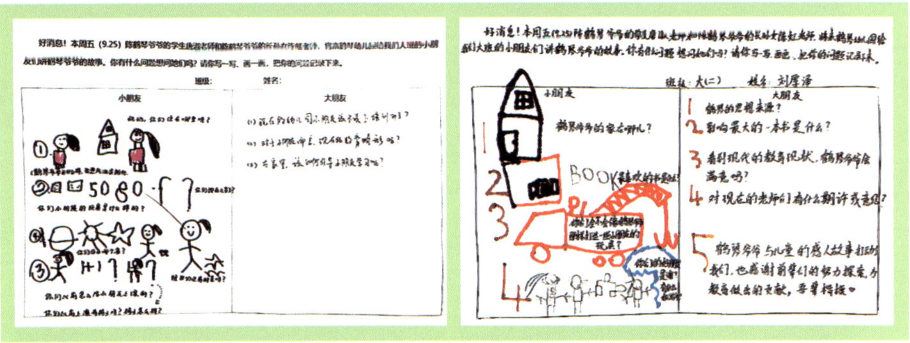

图 10　大二班想在见面会上咨询的问题（部分）

在见面会上，陈虹奶奶、唐淑奶奶分享了鹤琴爷爷一生中很多重要的经历、为儿童教育事业作出的贡献等。分享会的最后，大二班孩子请奶奶们分享鹤琴爷爷与玩具的事情。

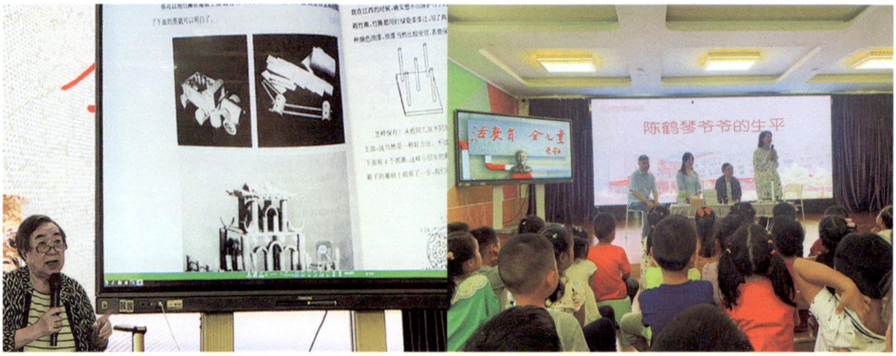

图 11　听奶奶们分享陈鹤琴爷爷的故事

嘉嘉：“唐奶奶、陈奶奶，你们可以给我们讲更多鹤琴爷爷和玩具的事情吗？”

唐淑奶奶：“鹤琴爷爷是我的老师，他在我们的学校特别成立了玩具研究室。为什么要成立玩具研究室呢？”

小蘑菇：“因为要研究玩具！”

申申：“是不是要做更多的玩具出来给我们小朋友玩呀？”

唐淑奶奶：“没错，因为小朋友最喜欢玩玩具、做游戏。你们喜欢玩玩具、做游戏吗？（小朋友们异口同声地回答：“喜欢！”）我们做学生的时候，每个星期都有一天不上课，要到玩具研究室去劳动，帮忙做玩具，比如做娃娃和娃娃的衣服。”

小窝：“我看过（关于）鹤琴爷爷的纪录片，觉得鹤琴爷爷是个很好的人，他研究了幼儿园。我的乐高玩具、神兽金刚是他发明的吗？”

唐淑奶奶：“应该不是。不过鹤琴爷爷也设计了一种拼插的玩具，有动物系列、家具系列，等等，中国的小朋友想玩‘乐高’就不用去国外了。说起国外的玩具，有一次，鹤琴爷爷去国外考察，把木偶戏引进来了，并与中国民间传统戏剧相结合，变成了我们熟悉的木偶游戏。你们会玩吗？”

图 12　和奶奶们交流

妞妞：“我们玩过，就是手偶！把手套进去就行了。”（孩子可能由木偶联想到了手偶，所以老师未加干涉。）

柚柚：“还可以分配角色，和好朋友一起演一个故事。”

多多：“奶奶们，你们小时候玩过哪些玩具、游戏呢？”

陈虹奶奶：“刚才唐奶奶提到了木偶戏，我还玩过手影戏。陈鹤琴爷爷创作过很多影子戏，用一个幕布，拿一个光源照射，我们小孩子的手就可以变成一个个角色，像小兔子、小狗啊，就能演起来。还有用竹子做的玩具，有各种各样的型号，小型、中型、大型的，可以垒高、围圈，搭起来玩。”

哒哒：“生活中处处是玩具！我和妈妈做‘鹤琴爷爷调查表’时，记得有这样的一句话。”

……

图 13　合影留念

见面会结束了，孩子们了解到了更多有关鹤琴爷爷与玩具的故事，鹤琴爷爷时刻牵挂孩子、“一切为儿童”的深刻情感，也浸润到了孩子们的心中。

小朋友与玩具

在研究“鹤琴爷爷的玩具”的这段时间，孩子们常不约而同地将自己的玩具带到幼儿园来——卡牌、娃娃、拼图、手电筒、竹蜻蜓……班里掀起了一阵小小的玩具分享潮。孩子们在自主活动时间会互相介绍自己的玩具，还会交换着玩。在孩子们游戏的过程中，我们捕捉到了这样一些声音：

"你这玩具有点没意思啊，玩来玩去就这样。"

"这个玩具挺好玩的，就是一下子就玩坏了。"

"你们也太幼稚了，都这么大了还玩这些玩具。"

"我还是喜欢棉花糖的降落伞，因为不是每次都能成功，比如说高度不够（就成功不了）。等成功的时候，就会觉得很开心，很有意思。"

……

在孩子们自发自主的分享、交流中，我们既看到了孩子们的童真童趣，又发现了他们对玩具绝不只是"玩玩而已"，而是开始有了一些思考：什么样的玩具有意思？长大了就不能玩玩具了吗？这些问题给了我们启发，似乎可以为我们对玩具的进一步探究指明方向。于是，我们将孩子们的关键对话梳理过后，整理出了一些关键话题，在班级会议上和孩子们展开了讨论。

1. 小朋友应该玩玩具吗？

这样一个话题刚抛出，孩子们就"炸开了锅"。

申申："玩具是小孩子玩的，我们都上大班了，不应该再玩了。"

杰瑞："我不同意，小孩子应该玩，没东西玩就无聊。"

哒哒："应该玩，而且需要玩更多的玩具，接触各种各样的玩具！"

希希："玩具是孩子喜欢的东西。"

顺顺："鹤琴爷爷不是说了吗？每个小孩子都要有玩具，大人也要玩！"

晨语："小孩子还要学习，学习很多的知识，上课的时候不能玩玩具，到区域游戏的时候可以玩玩具。"

棉花糖："学本领是学本领，玩玩具就是玩玩具。"

这句话又引来了一片争议。

妞妞："可是玩玩具的时候，我们也可以学到本领啊！"

小宝："'拼豆豆'玩具会让小孩子变得有耐心，因为拼豆豆会花很长的时间，我上次就花了两天的时间。"

嘉嘉："我玩乐高（积木）的时候学到了很多本领，像红外线、碰撞（机关）。"

小蘑菇："我也会玩乐高（积木），觉得不对劲的时候，看图纸就知道哪儿不对劲！我会看图纸了。"

……

我们惊喜地发现，通过对话，孩子们积极思考、勇敢表达、互相启发，不仅达成了"小朋友应该玩玩具"的初步共识，还讨论了小朋友应该玩玩具的原因，即玩玩具的过程也是在学本领！小孩子当然应该玩玩具，既懂孩子又爱孩子的鹤琴爷爷也支持小孩子玩玩具！

但小朋友们的讨论没有止步于此，小蘑菇的一句话恰好回答了我们的下一个话题。

2. 小朋友应该玩什么样的玩具?

小蘑菇："（有些）玩具会让我们变笨，还不会让我们学到知识，有一些玩具可以让我们学到知识，所以要给我们玩这些玩具。"

老师："什么样的玩具可以（让我们）学到知识呢？"

小蘑菇："好的玩具可以学本领，比如四大发明的（玩具）、关于各国国旗的玩具、恐龙地图，投影游戏也很好，能让我学到很多知识和本领。"

小朋友应该玩玩具，但是要玩"好玩具"，那什么样的玩具才算是好玩具呢？

3. 什么样的玩具才是好玩具?

晨语："我觉得雪花片是个好玩具，因为它能拼成各种各样的东西。"

柚柚："我觉得'甲骨文配对卡'也是一个好玩具，它可以帮助我们知道汉字是怎么变过来的，让我们认识更多的字。"

顺顺：“陀螺是好玩具啊！我喜欢，我们好多男孩子都喜欢。”

杰瑞：“那种玩一会儿就不想玩的，比如说就自己转来转去的小车，我觉得就没什么意思，不是什么好玩具。”

孩子们有理有据的讨论居然与鹤琴爷爷在《儿童游戏与玩具》一书中提出的“好玩具”的评价标准不谋而合：

（1）小孩子可以玩的，不是看看的，像无锡泥人只可摆在桌上看而不能玩，布制的小娃娃当然比泥人好玩。

（2）小孩子玩得不生厌。这些玩具是多变化的，如积木、竹圈等。

（3）小孩子要用思想、辨别力、认识力才能玩得起来。

当听到老师一字一句地念出书中这些鹤琴爷爷有关“好玩具”的看法时，大家显得格外专注。老师话音刚落，孩子们便纷纷举手，迫不及待地想要分享自己的理解。

妞妞：“我同意鹤琴爷爷说的。为什么小娃娃比小泥人好呢？因为小泥人容易坏，而且不能动，好玩的小娃娃是可以动的！”

嘉嘉：“我知道，就像积木啊、雪花片啊这些，都是有变化的玩具，是鹤琴爷爷说的好玩具，我就喜欢玩积木。”

申申：“我觉得那些不能变形、只能看、（里面）没有知识、不能玩的，都不是好玩具。”

向来擅长思考和表达的妞妞在听完大家的发言之后，忽然想到什么似的，举起一根手指，在空中边点边慢慢地说道：“就像我们之前讨论的‘活教育和死教育’一样，这些好玩具就是‘活玩具’，其他的就是‘死玩具’！”

妞妞的这一番话就像一串银铃，在老师的心里碰撞出了清脆的声响——原来“活教育”的种子已经悄悄地撒进了孩子们的心田，又被他们的生活经历所滋养，孕育出了充满智慧的“思想小苗”！

在与伙伴、与老师、与鹤琴爷爷的对话中，孩子们梳理了对玩具的看法，对“好玩具”“活玩具”也有了自己的理解。“活玩具”成了我们班孩子口中的高频词。

我们的“活玩具”

讨论“活玩具”：指偶是“活玩具”吗？

“你们看，这是我在家做的玩具！”一天早上，可可刚一进班，就迫不及待地招呼小朋友们。只见她从书包中拿出一个纸袋，小心翼翼地将里面的东西取出来。一个、两个、三个……一共五个活灵活现的指偶出现在了大家面前。

柚柚：“可可，你画得好好呀！好可爱！”

申申：“你这个要怎么玩啊？”

可可边将指偶戴到手指上，边向围过来的伙伴介绍道：“就是把它们套在手上就好了呀。”说着，她前后摆动起自己的手指，纸偶们也跟着动了起来。

顺顺看了看，嘟囔着说：“就这呀！”他的表情显得有些不屑，“这个玩具又不能变，也没什么要（我们）动脑筋的（地方），就是一个普通的玩具，算不上‘活玩具’。”

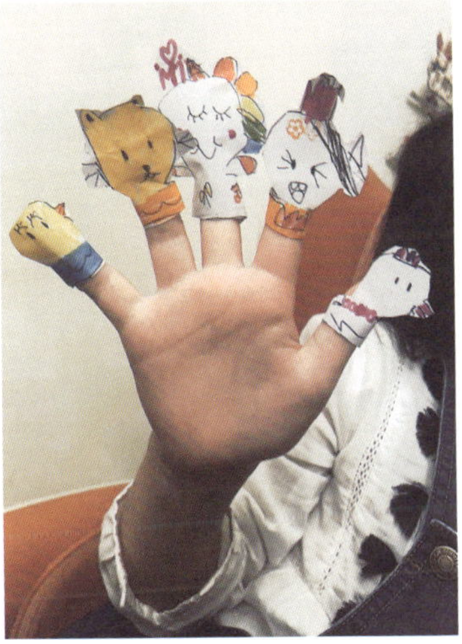

图 14　可可自制的手偶玩具

“对啊，就是个普通的玩具嘛，不能变化，只能看看，不是‘活玩具’。”申申附和道。

杰瑞跟着说：“我是觉得这个玩具肯定一下子就会坏了，它是纸做的，而且还那么薄薄的一层。”

听见伙伴们一句一句的评价，可可脸上的光彩慢慢“熄灭”，戴着手偶的小手也悄悄地放了下来。

看到可可的失落，小蘑菇推了推眼镜，转头对大家说："我觉得可可的手指玩具是个'活玩具'。你们看，不是可以灵活我们的手指吗？而且还可以用这些指偶来讲故事呢！"

柚柚也补充道："对啊，就像我们小班的动物手偶一样，不但可以活动我们的手指，也可以锻炼我们的嘴巴，让我们更会讲故事。"

杰瑞想了想，对可可说："我有办法了！你可以把纸塑封起来，再在上面加上吸管做支撑，这样就不容易坏了！而且，不光光可以套在手指上，还能拿在手里玩呢！"

妞妞点了点头，表示赞同："鹤琴爷爷还说过，好玩具是要质量好一点的。可可你可以用纸板做，纸板厚，不容易坏。"

这次讨论由可可自发制作的手指玩具开启。最初，孩子们能根据"活玩具"的标准——可以玩、能变化、需要动脑筋——对可可带来的玩具提出质疑；接着，在对话逐步展开的过程中，他们通过丰富其玩法，深入挖掘出指偶的内在价值；更让人惊喜的是，孩子们还能根据自己对鹤琴爷爷有关好玩具标准的理解，主动提出对指偶的改造建议，使指偶更符合"活玩具"的标准。在这段你来我往的互动中，孩子们对"活玩具"有了更真切的理解。这一群兴致盎然地讨论着"活玩具"的孩子，俨然已化身为鹤琴爷爷"活教育"实践的小小传承人！

自制"活玩具"："活玩具"的一百种可能性

可可的自制玩具让我们又想起了活动初期孩子们对自制玩具的兴趣，这让我们获得了推进活动的新灵感：请孩子们自制玩具。这不仅能促使他们动手、动脑，还能丰富他们有关"活玩具"的实践经验，深化他们对"活玩具"的理解。正值周五，我们决定请家长利用周末的时间协助孩子一同完成玩具的设计和制作，将家长进一步卷入到我们的课程中来。

于是当天我们就在家园联系栏发布了这个任务，并把这个阶段孩子们和玩具有关的讨论和活动情况分享到了家长群中，方便家长了解这个任务的背景和价值，以便家长为孩子提供更合适的支持与帮助。之后，孩子们陆陆续续地带来了各式各样的“活玩具”。

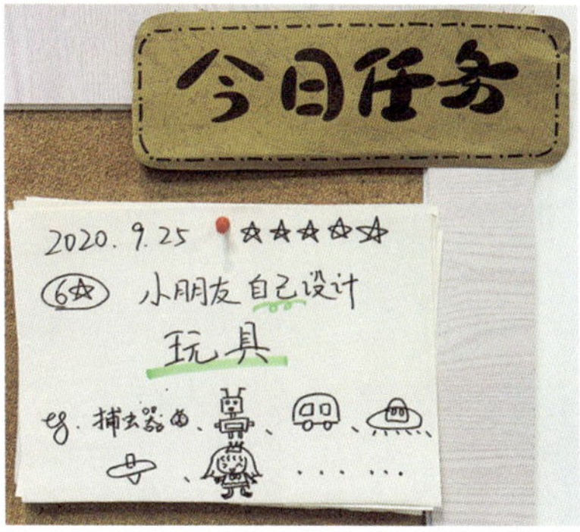

图 15　发布亲子自制玩具任务

棉花糖带来的是“运动大转盘”。转盘上绘制了各种有创意的小动作：摸肚子、竖起大拇指、向左转、跺脚、跳舞、高抬腿，等等。游戏时，小朋友通过转动指针，来决定做什么动作，看谁能最快地根据图示做出反应。这个游戏可以锻炼小朋友的反应能力和运动能力。

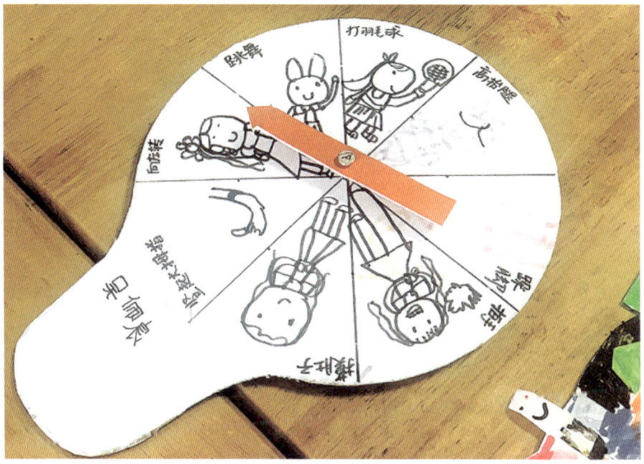

图 16　棉花糖的“运动大转盘”

萌萌带来了两样自制玩具——投影仪和降落伞，还绘制了详细的制作方法和玩法说明。将一个纸杯的底部去掉，再将一截宽胶带贴在开口处，就制成了一个“投影仪”，游戏者用可擦笔在透明胶带上绘制自己喜欢的图案，然后打开手电筒，就可以将图案的影子投射到屏幕上，调整手电筒的位置，影子还能放大或缩小。投影仪利用了光学原理，可以帮助小朋友感受光影的秘密，同时，利用可擦笔画图可以让小朋友更换任何自己喜欢的图案，大大提高了该玩具的灵活性。降落伞则由一个塑料袋、四根一样长的棉绳、一个塑料重力球组成，四根绳子的一端分别固定在塑料袋的四周，另一端全部固定在重力小球上，游戏者用合适的力气和角度将降落伞抛向空中，就能看到袋子缓慢降落，就像真的降落伞一样。因为降落伞不是每次都能成功打开，具有挑战性，它更能激发孩子们的挑战精神，受到了孩子们的喜爱。

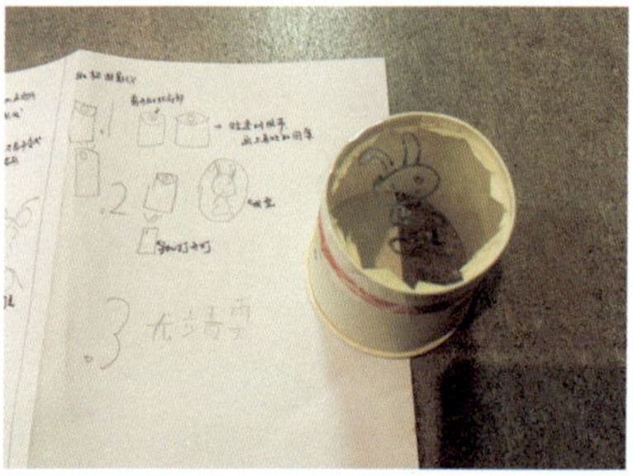

图 17　萌萌的“投影仪”

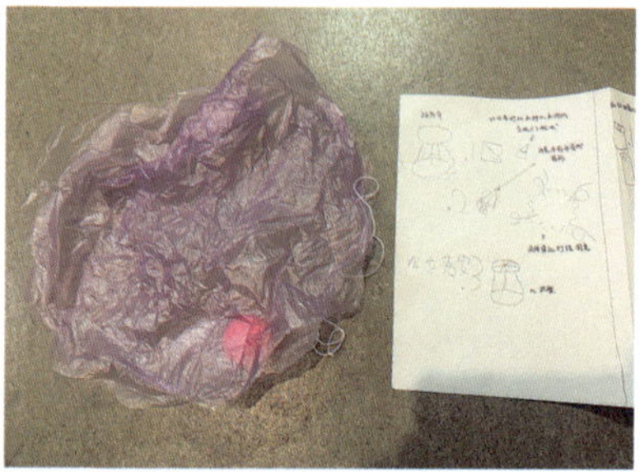

图 18　萌萌的“降落伞”

顺顺带来的是“单双数游戏”玩具。他利用一块纸板将一个鞋盒分成左右两部分，并分别标注了“我是单数”和“我是双数”的字样。游戏者轮流抽取配套的自制卡牌，根据牌上的数字将它们分别放置到正确的区域。这个玩具将单双数的数学经验融入其中，游戏价值显而易见。考虑周到的顺顺甚至还为游戏胜利者准备了贴画奖励，进一步激发了小朋友们参与游戏的积极性。

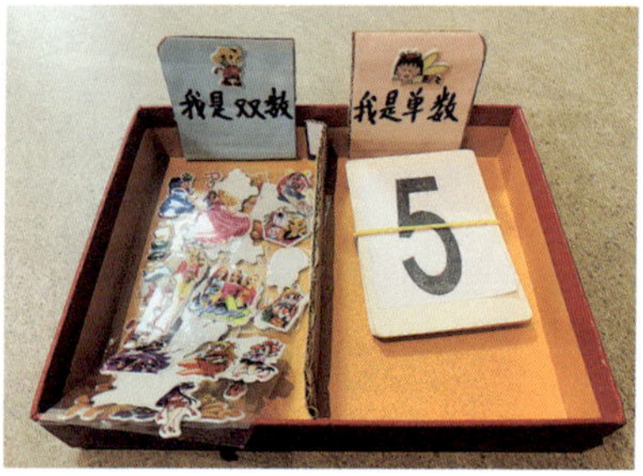

图 19　顺顺的“单双数游戏”

除了这些，孩子们还带来了“棋盘游戏”“滑梯轨道”“套圈”等很多自制玩具，我们专门在班级里清出了一个玩具柜，供孩子们陈列自己制作的玩具。一些还没完成自制玩具的孩子，会因为看到陈列柜上“席位”不多了，而在放学后飞奔着回家赶工；还有的孩子意犹未尽，继续在幼儿园和伙伴共同设计、制作“活玩具”。自主游戏时间，这个自制“活玩具”展示柜成了教室里最受欢迎的地方，孩子们乐此不疲地研究着这些大二班“独家出品”的“活玩具”……

图 20　自制“活玩具”的展示柜

后记

虽然有关“活玩具”的活动结束了，但孩子们对“活玩具”的思考仍在继续。

“我家里还是‘活玩具’比较多的！”

一天，小蘑菇在晨间谈话时兴奋地说：“我发现，我家里还是‘活玩具’比较多的！比如恐龙书、棋类玩具、光影游戏、积木这些（都是“活玩具”）。不过我也发现了一些“死玩具”，就是毛绒娃娃！”

原来小蘑菇依照“活玩具”的标准，自发地对家中的玩具进行了一番“考核”，区分出了其中的“活玩具”和“死玩具”。更让我们惊喜的是，他并没有完全否定毛绒娃娃：“小时候我喜欢和它们玩一些娃娃家的游戏，现在觉得没有什么意思了。我已经把那些娃娃送给弟弟妹妹了，对他们来说，毛绒娃娃可能还是好玩具。”

“我要的不是你这样的把我当玩具的爱”

诺诺妈妈则跟我们分享了一则诺诺和爸爸之间发生的和“玩具”有关的故事：一天晚上，诺诺一家去“南京眼”（南京一座桥的名字）赏月，诺诺爸爸在给诺诺拍照的时候一直指挥他摆出各种造型，没想到这样的举动惹恼了诺诺。

诺诺：“你不是把我当成你的孩子，你是把我当成你的玩具！”

诺诺爸爸：“我喜欢你才让你摆造型呀。”

诺诺：“我要的不是你这样的把我当玩具的爱，我要的是爱，真爱。你已经不是我想要的爸爸了，我想要的是鹤琴爷爷那样的爸爸！”

……

无论是小蘑菇自主迁移对“活玩具”的理解，用批判的眼光评价自己的玩具，还是诺诺基于自己对“活玩具”的理解反抗爸爸的“控制”，都让我们看到了非常有行动力、思考力的儿童形象，也让我们对这场探究之旅的价值有了更深的认识——孩子们投入了他们的全部身心，爆发出了无与伦比的学习与思辨能力！

感悟与反思

1. 有意义的讨论能够促进幼儿思辨能力的发展

整个探索过程中，孩子们对“活玩具”的理解程度与深度远远超出了我们的预期——“玩玩具的时候也可以学本领”“有些玩具会让我们变笨，有一些玩具可以让我们学到知识”“好玩具就是‘活玩具’”“这个玩具没什么要（我们）动脑筋的（地方），不算‘活玩具’”“用它来讲故事，就可以变成‘活玩具’”……孩子们积极地表达自己对玩具价值的理解、对“好玩具”标准的独到见解、对同伴自制玩具的改进建议，哪怕在面对与自己不同的观点时，孩子们也没有人云亦云，而能够从多角度思考，得出更合理的结论。

更难能可贵的是，在平等的交流与对话中，所有参与者一起营造出了与“非黑即白”二元对立状态截然不同的氛围——没有绝对的对与错。这也使孩子们能毫无顾忌地说出自己真实的想法，清晰地表达自己的观点。透过孩子们的这些充满辩证色彩的观点，我们看到了他们身上所闪现的批判性思维的火花！这不仅得益于孩子们丰富的经验积累，还有赖于有意义的讨论和对话过程。在这个过程中，孩子们畅所欲言，互相启发，不害怕说错或被反驳，也勇于有理有据地反驳他人，这让有幸参与孩子们这场“活玩具”探究活动的我们也倍受启发与鼓舞，提醒我们要继续营造良好的交流和讨论氛围，让幼儿的思辨能力在表达中获得锻炼和发展。

2. 自制玩具的价值还有待我们继续挖掘

回顾“活玩具”探究之旅时，我们发现在孩子们自制“活玩具”的部分还有许多值得深入探究与学习的内容。在课程实施过程中，对于孩子们的自制玩具，我们只是简单地提供了陈列空间，并鼓励孩子们在区域游戏时间自主探究，并没有进一步关注和推进他们对这些玩具本身的探究。我们应该进一步挖掘“自制玩具”活动背后可能存在的学习机会。比如，让孩子在集体面前分享自己制作过程中发生的小故事，介绍自己设计该玩具的意图和玩具的游戏方式；发挥同伴评价的作用，让小朋友们从不同角度对这些玩具进行评价，或结合实际的游戏体验对这些玩具提出更多的改造建议；像鹤琴爷爷一样举办玩具展览会，请孩子们化身玩具讲解员，将鹤琴爷爷与玩具、我们与玩具的故事介绍给其他班级和爸爸妈妈们……这样的反思为我们以后的工作提供了经验，也使我们对未来活动的开展更有信心！

专家点评

如果说陈鹤琴的幼儿教育思想是大二班两位老师日常工作的重要理念源泉，那么，这一案例的可贵之处正在于幼儿将这种“源泉”作为了直接探究的对象。“鹤琴”对于孩子们来说，不再只是耳熟能详的园名，也不仅仅是一位熟悉又陌生的名人爷爷，而是实实在在可以平等交流的对话者。今天的幼儿与终身为“幼儿”服务的鹤琴爷爷，共同成就了这场奇妙的际遇。

在诸多话题中，幼儿的兴趣点聚焦于“玩具”并不意外。师幼互动的整个过程显示出该案例的另一个可贵之处：教师理念先行，充分利用各种人力、物力资源，通过多样化的活动形式，最大限度地支持幼儿展现出“积极、主动、有能力的学习者”的形象。在教师创设的时空对话中，幼儿通过与鹤琴爷爷的多维“对话”，不仅成为玩具的使用者和评价者，而且成为玩具的制作者，甚至展现出“活玩具”思想的讨论者和研究者形象。随着活动的推进，幼儿充分地动手、动脑，基于自己的需要创造玩具的形与神，基于自己的标准评价玩具的优与劣，基于自己的生活体验思考玩具的“死”与“活”……

陈鹤琴先生认为，“凡玩具儿童能自做的当鼓励自做”。这一赋权于幼儿的鲜明倡议，不仅表现出对幼儿能力的充分信任，也隐含着一种期待，一种对幼儿与玩具的互动中所蕴藏的经验生长契机的期待。活玩具之“活”，源于对幼儿巨大生长力的激发。这种力量，在这一案例中显露无遗。

南京师范大学　王丽

我们的运动会

大二班　刘云娣

选好自己的比赛项目后，孩子们的内驱力被激发了出来，晨间锻炼时间和户外游戏时间，他们都开始自发练习起来。为了增加踩高跷的难度，小朋友们会自己设计各种障碍。

在 10 月底的一次大班年级组会上，我们大班的所有老师针对本学期要组织什么样的亲子活动进行了讨论。基于大班的孩子运动量大、合作能力强、喜欢有挑战性的活动，我们考虑举办一场运动会。但老师们没有太多组织运动会的经验，内心有很多的不确定，却也因此更加充满了期待。因为根据我们的经验，无论是孩子、家长，还是我们老师，只要有充分的探索机会，都会有无穷的灵感。我们现在需要做的，就是跟平时开展主题活动一样，先讨论和确定好大方向。

我们要考虑的第一个问题是组织什么形式的运动会，因为大班目前正在开展“中国娃”主题，其中有我国传统民间游戏的内容，所以在幼儿园的晨间锻炼器材里，越来越多的民间游戏被挖掘了出来，跳绳、跳皮筋、滚铁环、踢毽子，等等。这些游戏不仅孩子们喜欢，也是家长，尤其是祖辈们的童年回忆，所以许多家长送完孩子后竟舍不得走了，也参与到孩子们的游戏中，还会教他们怎么玩民间游戏。除此之外，生活老师、门卫师傅也都被吸引了过来，参与其中。综合考虑以上情况，我们决定开展一次民间体育运动会，既满足孩子运动的需要，也满足亲子互动和主题的需要。

图 1　家长教小朋友滚铁环

图 2　门卫师傅给大家演示滚铁环

图 3　家长和小朋友一起跳皮筋

相比于小班和中班，大班的运动会更需要关注什么呢？运动会对于孩子的意义又是什么呢？我们老师讨论后觉得，运动会的意义不在于幼儿获得什么名次和奖牌，而在于活动过程中的探索与体验。对于大班的孩子而言，运动会更应成为课程的一部分，孩子就是本次运动会的主要筹备者和参与者。

什么是民间体育运动会？

我们把要举办运动会的消息告诉了小朋友，他们开心得手舞足蹈。可什么是民间体育运动会呢？我们和小朋友进行了讨论。

1. 什么是运动会？

萱萱：“就像我们一起去看南京眼。”

真真：“那不是运动会，是远足。”

咕噜：“我和爸爸妈妈参加过马拉松比赛。”

皮皮：“运动会就是有很多运动。”

毛毛：“运动会就是要进行比赛。”

然然：“有人在比赛，还有人当啦啦队（队员）。”

小哲：“我姐姐（的）小学也会举行运动会，就是有很多人一起比赛。”

2. 什么是民间体育运动会呢？

大嘟：“就是在民间举办的运动会。”

小柔：“可是‘民间’是什么意思啊？”

旺旺：“就是老百姓们的事情。”

牛牛：“是平时在家里也可以玩的游戏。”

毛毛：“我们不是听过民间故事吗，应该就是很久很久以前的游戏。”

民间体育游戏有哪些呢？孩子们把他们在幼儿园里玩过的民间游戏回忆了一遍，可说不上来。如何丰富他们的经验呢？考虑到民间体育游戏会是爸爸妈妈，尤其是爷爷奶奶小时候最常玩的游戏，于是我们决定通过调查表的形式，请小朋友回家和爸爸妈妈、爷爷奶奶讨论，把爸爸妈妈、爷爷奶奶知道的或玩过的民间游戏画下来。这样一方面可以丰富孩子关于民间体育游戏的经验，另一方面也可以勾起家长的童年回忆，调动家长的积极性，为他们参与亲子运动会打下情感基础。

利用这种方法，我们搜集到了很多民间体育游戏，比如斗鸡、放风筝、跳房子、扔沙包、翻花绳，等等。

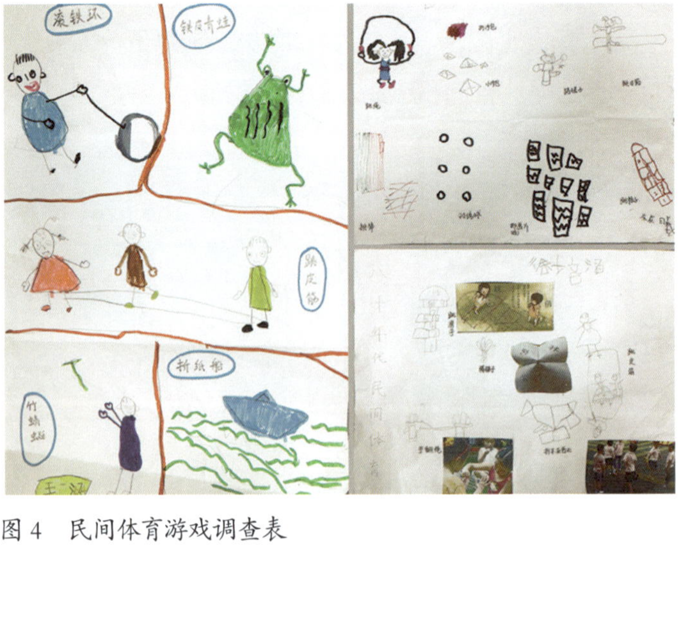

图 4　民间体育游戏调查表

选择比赛项目

这么多民间体育游戏，运动会上可以选择哪些作为比赛项目呢？孩子们很快就筛除了一些不适合的游戏，比如：比赛的地方是草坪（因为幼儿园空间有限，我们将运动会的地点定在了幼儿园附近一个公园的大草坪上），没有办法滚铁环；跳房子、翻花绳运动量太小，不适合比赛；跳皮筋不知道怎么才算赢。淘汰了这些大家觉得不适合进行比赛的游戏后，老师们组织各个班的孩子对剩下的项目进行了投票，以便了解他们的意愿。之后，在年级组会上，我们又根据活动场地的特点、游戏的难易程度、材料是否便于准备等，从得票数较高的游戏中选出了七个作为比赛项目。其中跳绳、脚绕球、踩高跷这三项是个人赛，每个小朋友都选择一项参加；斗鸡、袋鼠跳、跳山羊、“同舟共济”这四项是亲子赛，每个家庭选择两项参加。

个人赛的选择权属于孩子，他们很认真地把自己的名字写在便利贴上，又认真地贴在自己想参加的比赛项目下面。而亲子赛的项目，我们没有让孩子直接选择，而是请他们回家与家人一同选择。因为孩子们需要知道，自己是家庭的一分子，需要顾及和他们一起参赛的“队友”的意愿和感受。

图 5　小朋友自主选择个人赛项目

第二天，小朋友们入园的时候，赛赛奶奶向我倾诉：“老师，我家赛赛‘傻’得很，别人都选自己擅长的项目去比赛，他倒好，回来跟我们说选的是脚绕球。他根本就不会脚绕球！”确实，在平时晨间锻炼的时候许多小朋友都被脚绕球难倒了，包括赛赛。可他为什么会这么选呢？我好奇地问他。赛赛说：“因为其他两个我都已经会了，所以我就选了它。”我很受触动：原来他对于比赛有自己的理解，或者他根本不觉得这是一场比赛，而是把它当成了游戏，所以在选择比赛项目时，并不会专门挑自己擅长的，而是会选择自己喜欢的，或者是自己还不太会的，给自己创设一些挑战。

选好自己的比赛项目后，孩子们的内驱力被激发了出来，晨间锻炼时间和户外游戏时间，他们都开始自发练习起来。老师的作用在此时似乎变得越来越小。跳绳的小朋友因为总是数不清自己跳了多少个，开始自发地请同伴

图 6　练习跳绳

图 7　记录跳绳数量

图 8　练习踩高跷

图 9　亲子共同练习

帮自己数。为了增加踩高跷的难度，小朋友们会自己设计各种障碍。还有的小朋友会请爸爸妈妈、爷爷奶奶到幼儿园来练习亲子赛的项目。

图 10　将脚绕球借回家

图 11　在家练习踩高跷

选择了自己并不擅长的脚绕球项目的赛赛更是“卖力”，不仅经常在幼儿园练习，放学时还会把脚绕球借回家继续练习。赛赛奶奶很感动，将赛赛在家练习的视频发给了我，我相信奶奶不会再觉得赛赛“傻”了。之后，越来越多的小朋友把器材带回家练习。他们这种认真的态度让老师和家长十分感动，而正是这场运动会让我们看到了孩子们这种宝贵的品质。

筹办运动会

孩子们都在为自己的参赛项目做准备，但举办一场运动会，要准备的远远不止比赛项目，我们希望和孩子们一起筹划整场运动会。可是举办一场运动会需要筹划什么呢？就在老师们感到迷茫的时候，恰巧教育部门组织了一场教师运动会，我们大班的老师都非常积极地报了名。

通过参加教师运动会，我们积累了很多经验和资料，并通过图片、视频、讲解等方式将其分享给了孩子们，使他们对运动会也有了更多的了解：运动会一开始的时候，运动员会以方阵的形式入场，每个方阵中运动员的衣服是一模一样的；方阵的最前面可以有一两个人举牌子，牌子上写着他们的队名和口号；比赛时，运动员需要把参赛券给裁判；裁判一吹口哨就表示比赛开始了；比赛结束后获奖运动员到领奖台上领奖……

图 12　教师运动会方阵

图 13　小朋友观看教师运动会的视频

那小朋友的运动会需要做哪些准备呢？孩子们主要提到：每个班需要穿一样的衣服，需要有班牌、口号，需要有参赛券和奖杯，还需要走整齐的方阵……

设计班服

首先，要设计孩子们提到的“一模一样的衣服”，也就是班服。

班服上面要有什么呢？

闹闹：“要有幼儿园的标志，就是我们幼儿园的园徽。”

糖糖：“可以在上面画一些运动项目。”

果果：“运动衣背后都有数字的。”

辰辰：“我们是大二班，可以选‘2’，这样别人就知道我们是大二班的。”

闹闹：“对，大一班选‘1’，大二班选‘2’，大三班选‘3’。”

……

孩子们想出了很多元素，那谁来设计呢？大一班的余老师率先做出了一个大胆的尝试：让孩子们自己设计！看到大一班的设计成果，我们其他班级也决定效仿。我们班孩子听到可以自己设计班服时，很是激动，因为大家平时穿的衣服都是直接买的，没有想到还可以自己设计衣服，他们的主人翁意识一下子被激发了出来，很快投入到了绘制设计图的活动中。

图 14　年级组讨论记录

图 15　小朋友在设计班服图案

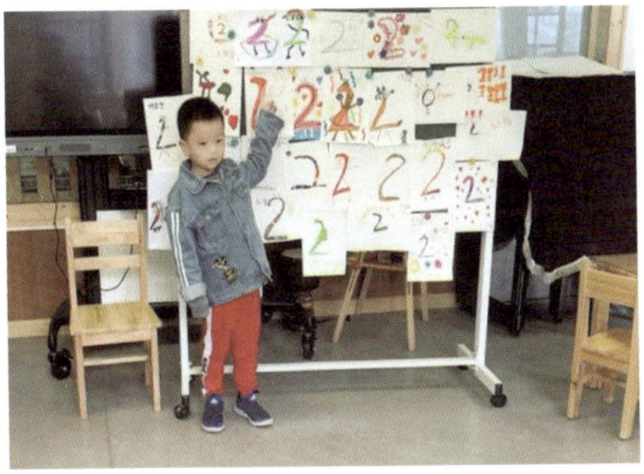

图 16　小朋友在分享自己的设计想法

最终，每个孩子都给出了一份独特而有创意的设计。接下来就是投票环节了，想到每个小设计师对自己的作品肯定都有很多想说的，所以在投票之前，我们班开展了一场拉票活动，请小朋友通过介绍来为自己设计的作品拉票。拉票时，有的小朋友很激动，迫不及待把自己的设计灵感告诉大家；有的小朋友比较害羞，只讲一两句话就赶紧跑回了座位。令我印象最深刻的是小予，他非常认真地设计了图案，改了一稿又一稿。我想着他平时是那样活泼大胆，肯定会很期待与大家分享，但轮到他时，他却害羞地摇着头拒绝了。

其他小朋友也觉得他和平时有点不一样，都喊着："小予，快去呀！"可小予还是坐在座位上摇头。我对其他孩子说："我们再等等小予吧。"又对小予说："没关系，你想上来时自己上来就行了。"等所有人都介绍完后，小予终于鼓足勇气上来介绍了自己的设计，小朋友们自发地给他鼓起了掌。原来，平时看上去自信大胆的小朋友，在呈现自己设计的作品时，也会有胆怯害羞的一面，可能这与他第一次设计有关。我也庆幸自己没有强求小予上去介绍，而是给予鼓励，耐心等待，让他觉得自己是被接纳和尊重的，同时也给他充分的准备时间。

图 17　大二班设计的班服

最终，通过投票，大二班的班服诞生了。班服上，"2"化身成一个正在跑步的小人，造型十分可爱生动，而"2"字身上的条纹图案则来源于幼儿园的彩虹跑道，由红、黄、蓝、橙四种颜色构成，使整个造型更加充满活力。

我们也欣赏了大一班和大三班的班服，大一班将"1"融入一块奖牌的图案中，他们说希望自己能得第一名；大三班把"3"也设计成了一个人的样子，并在"3"的裙摆上画了很多人，代表啦啦队。

图 18　大一班设计的班服

图 19　大三班设计的班服

我们将班服的设计图发给了家委会，请他们帮忙印制班服。家长们对孩子们的设计啧啧称赞，都惊叹于孩子们的想象力和创造力。

设计口号

第二项任务是设计口号，这可把孩子们给难倒了。那不如来听听老师们参加运动会时的口号吧。我用响亮的声音有节奏地念起了当时的口号：“鹤琴鹤琴，敢闯敢拼，青春如火，超越自我！”孩子们听完哈哈大笑起来。

臻铮：“老师的口号也太有意思了吧。”

小胡：“有点像我们平时念的儿歌。”

樱桃：“每句都是四个字。”

小予：“也没那么难。”

于是大家你一句我一句，设计出了大二班的口号：“大二大二，勇往直前，挑战自我，加油加油！”

之后几个小朋友合作绘制了大二班口号牌。而大一班和大三班的口号和口号牌也各有特色。

图 20　大二班口号牌

图 21　大一班口号牌

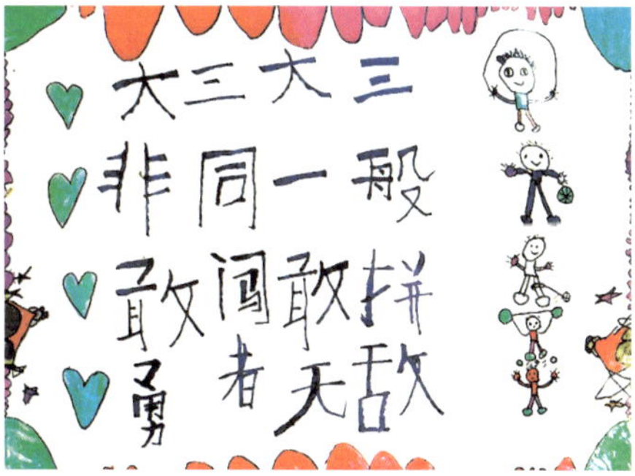

图 22　大三班口号牌

设计班牌和参赛券

接下来还需要设计班牌和参赛券，我们请感兴趣的小朋友自愿参与。我们班的小朋友在班牌上画了两个解放军战士的形象，因为他们希望自己走方阵的时候能走得像解放军一样整齐。设计参赛券的小朋友讨论后，决定用绘画的方式表示各个比赛项目，并指出画面要让别人看得懂是哪个运动项目，要画得大一点，而且不需要画太多装饰。

图 23　大二班班牌

图 24　孩子们设计的参赛券

在年级组会上，我还了解到其他两个班级在设计班牌时的一些故事。大一班有两个小朋友的作品入选，因为他们觉得其中一件作品的爱心创意很棒，能看出大一班是一个有爱的大家庭，另一件作品上设计了很多运动项目，能看出运动会要做什么事情，所以大一班将两件作品的创意进行了结合。大三班则是用接力画的方式来制作班牌的，有的小朋友画了“大三班”三个字，有的小朋友给字涂上了颜色，还有的小朋友画了运动项目等图案。梦梦画了一条环绕着“大三班”三个字的藤蔓，她解释说：“大三班有 32 个小朋友，所以我画了 32 片叶子，我还画了 8 朵花，因为一共有 8 个老师教过我们班。”

图 25　大一班班牌

图 26　大三班班牌

排练走方阵

提到走方阵，小朋友说：“走方阵就是踏步走，这个我会。”因为大班的孩子要承担每周一的升旗任务，大家基本都有跟着音乐踏步的经验，所以他们觉得走方阵肯定比较简单。真的是这样吗？试一试就知道了。

排练开始了，音乐一响起，队伍开始往前进。孩子们的态度很认真，可是那场面着实让人忍俊不禁：有的小朋友在原地踏步，不往前走；有的小朋友大步向前走得很快；有的小朋友被旁边人的手打到了，闹起了矛盾……我连忙用手机拍下了这些场景。孩子们看着自己走方阵的视频，都哈哈笑了起来。

菀然：“一点都不齐，歪歪扭扭的。”

楸沫：“钴镳走得太快了。”

钴镳：“是你走得太慢了。”

青青：“前面的人一个挨一个，后面的人都散开来了。”

……

在一次次排练中，大家发现，原来走方阵一点也不简单，不是一个人走好就行的，每个人都很重要，需要全班一起努力才行。

走方阵时还需要一位小朋友举班牌当领队，谁来当呢？问题一提出，我耳边全是“我！我！我！”的声音。大家都想当，怎么办？“那就投票吧。”孩子们又想到了投票这个方法。但是在实施的时候，问题很快就出现了——乐乐将自己的票投给了萌萌，小龙嘟着嘴巴抱怨道：“我知道乐乐为什么会选萌萌，还不是因为他们俩是好朋友。”是啊，大家并不了解谁走得好，仅仅凭自己的印象投票，甚至只投自己的好朋友，这样的投票还公平吗？怎么才能让选领队的过程更有效、更公平呢？

孩子们摸摸脑袋，想不出好办法来。这时我想到，运动会赛场上的比赛形式不就是一种公平的竞争方式吗？我们可以通过比赛的形式，选出走得最好的人来当领队。我将这个想法告诉了孩子们，大家都表示可以试一试。那选择领队的标准是什么呢？小朋友提到：踏步要有节奏、有力气，手臂能摆高，腿脚能抬高，不能同手同脚。最终，经过小组赛和个人赛的重重筛选，菀然获得了冠军。让我感到意外的是，其他小朋友没有因为自己没被选为领队而沮丧或不满，而是都围着菀然欢呼了起来。这可能就是公平比赛的魅力吧！

图 27　小朋友们在领队的带领下走方阵

之后，许多小朋友开始自发进行小规模的比赛。在感受着比赛带来的快乐的同时，他们对比赛规则也越来越熟悉了。

图 28　小朋友们自发进行比赛预演

运动会开始啦!

11 月 30 日，运动会终于要正式举行啦！很多小朋友很早就来到了公园，和老师以及家长志愿者们一起布置场地，准备材料。

图 29　孩子们帮忙搬运器械

比赛开始后，我们发现现场很少需要老师去特意强调或说明什么，这正是因为孩子们全程参与了运动会的筹备工作，他们对这场运动会的方方面面都很熟悉，也因此表现出了更加主动和积极的态度。而我们老师也真正退居幕后，有了更多的时间和精力去观察孩子们的表现，并看到了很多令人难忘的画面。

图 30　跳绳比赛

轱辘参加了“一分钟跳绳”比赛，在最后十几秒他快坚持不住了，紧闭着双眼仰头哭喊“爸爸，爸爸”，却没有停下跳绳的动作，一直撑到了比赛结束。听到哨声后他瘫倒在地，露出了又累又满足的笑容。

“斗鸡”比赛中，孩子们表现出了很强的班级凝聚力，同班的参赛人员团结起来，一起向其他班的参赛人员发起了“进攻”，最终成功将对方击退。

“同舟共济”亲子赛项目，有的小朋友是和自己的姐姐，而不是和爸爸妈妈一起参加的，姐妹俩为了使步调更一致，一起喊着“一、二、一、二”，场面温馨又可爱。

图 31 “斗鸡”比赛

图 32 “同舟共济”亲子赛

当然，比赛中除了欢笑还有遗憾：有的小朋友在比赛中因实在坚持不住而哭了起来，有的小朋友因为自己输了而哭起来，还有的小朋友因为爸爸妈妈输了而哭起来……但无论是欢笑还是泪水，都会成为这一天留下来的美好回忆。

图 33 因比赛输了而流下眼泪

颁奖啦!

接下来就是激动人心的颁奖环节啦！我们把孩子们平时在幼儿园晨间锻

炼用的鞍马变成了领奖台，并给每个比赛项目特别定制了金、银、铜牌，使颁奖仪式显得特别隆重，从而让孩子们从各个方面感受运动会的仪式感。

在颁奖时，尽管有的小朋友因为自己没有获奖而感到失落，但我们看到更多的画面是领奖的小朋友一从领奖台上下来，就有孩子自发地去拥抱他们，给他们竖大拇指，为他们欢呼，大家脸上洋溢着满满的笑容和自豪。

图 34　小朋友们在领奖台上领奖

图 35　小朋友们自发拥抱获奖者

除了个人奖，还有一份特别的荣誉等着大家——一个只有分数最高的班级才能得到的独一无二的奖杯。那怎么计算班级的分数呢？我们采用了积分榜的形式：在决赛中获铜牌计 1 分，获银牌计 2 分，获金牌计 3 分。所以，在决赛过程中获得名次的小朋友，在家长志愿者的协助下，在班级积分榜上认真地记下自己的得分。最后哪个班级的分数最高呢？孩子们数了又数，算了又算，发现大一班得到 13 分，大二班得到 19 分，大三班得到 17 分。

小朋友："哇，大二班分数最高！"

主持人："你怎么知道的？"

小朋友："因为 19 最大呀！比 13 和 17 都大！"

小朋友："大三班第二，比 19 分少得了 2 分。"

小朋友："啊？我们大一班最少。"

小朋友："我们大二班最厉害！"

主持人："大一班和大三班没有拿到奖杯，那他们就不厉害吗？"

小朋友："厉害，因为大家都很认真！"

小朋友："对，大家都加油了！"

通过这次比赛，我想孩子们也感受到了每个人都是班级的一分子，我们所有的努力都能为班级带来荣誉。

图 36　在积分榜上记录得分

图 37　主持人展示积分榜

运动会结束后

运动会结束后，孩子们把自己印象最深的场景和感悟记录了下来。

图 38　菀然：我们穿着大家一起设计的班服参加比赛。在脚绕球决赛时，听到大家都在为我喊加油，我有了更多的力量。得到了第一名，我很开心。

图 39　盈舒：我平时在学校练习踩高跷，在家里也练习踩高跷。我们班没有获得奖杯，我们没有灰心，以后要多多练习才能获得更多奖牌。

图 40　子一：我参加袋鼠跳时有点不舒服，但我还是坚持下来了。

很多家长也在运动会后给我们发来了自己的感想，这让我们对孩子、对家长都有了更加立体的认识。

阿福妈妈：阿福是一个比较安静的孩子，平时不太喜欢运动，但在此次运动会中，阿福表现得很积极，虽然最终没有取得名次，但他并没有失落，还表示以后一定要多锻炼。

闹闹妈妈：在这次民间体育亲子运动会中，小朋友们全程参与了筹备工作，他们真正成为了自己的主人。

桐桐妈妈：决赛的时候因为器械发生意外情况，我们没能拿到奖牌，桐桐委屈地哭了。我安慰他："以后还会有运动会，我们可以继续努力。"可是他认为以后的运动会再也不是我们幼儿园的比赛了。是啊，以后还会有很多比赛，可是属于幼儿园的只有这一场，他是因为在乎才哭的呀……

希瑜爸爸：小小运动会虽已落下帷幕，但那些敢于奋斗的心、团结一致的精神，将会永远伴随大班的你们，并延续发扬到今后的成长学习中，助力你们攻坚克难、追求卓越！

运动会虽然结束了，但大家对民间体育游戏更喜爱了。看，这是之前大家都没有挑战成功的木高跷，脚踩处离地面较高，现在已经有小朋友能站在上面走几步了！

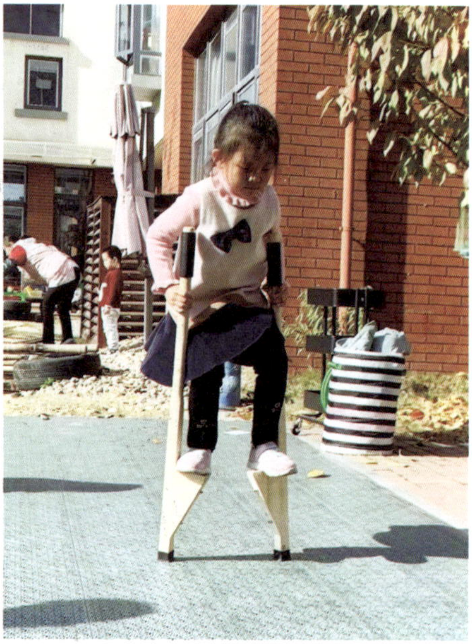

图 41　小朋友成功挑战木高跷

感悟与反思

1. 未知并不可怕，可以"以儿童为师"

这次的运动会，让我体验到了"未知"并不可怕。虽然一开始我们几位老师都缺乏组织运动会的经验，心中忐忑不安，但生活中有多少事是必须有了经验才能去做的呢？运动会为什么只能由老师来组织呢？运动会的意义在哪里呢？当看到小朋友愿意选择自己并不擅长的运动作为自己的参赛项目时，当看到小朋友们主动练习并积极为运动会做各项准备工作时，当孩子们纷纷激动地去拥抱获奖者时，我找到了这些问题的答案：孩子们有着比成人更加丰富和纯粹的内心世界。在他们心中，运动会不只是一场比赛，它更是一个游戏，它有着五彩斑斓的模样。孩子们也教会了我不用急于看最后的结果，而要更加从容，和孩子们一起手牵着手，珍惜“未知”中的探索与收获，欣赏过程中的风景。

2. 教师从“我要做什么”到“我可以不做什么”的角色转变

回顾这次运动会开展的过程，我思考的重心不是“我要做什么”，不是怎样让孩子们理解运动会、如何让他们知道比赛中的规则、需要为他们准备些什么，等等，我开始更多地去思考“我可以不做什么”，从而把机会留给孩子们。这与我刚参加工作时的思维方式是不同的。所以现在，遇到问题之后我总会先问问自己“孩子们可以做吗？他们能做到什么程度呢?”我惊喜地发现，当孩子们有了更多的机会时，他们的内驱力就会自然而然地被激发出来，课程也有了更大的延展空间。他们会自发地练习比赛项目，可以设计如此有创造性的班服，还能自如地给爸爸妈妈讲解比赛规则……我体会到，当老师做得少之后，孩子就能做得更多。

专家点评

运动会是幼儿喜闻乐见的活动。幼儿园的运动会除了是一场运动的竞赛，是一次对幼儿运动能力的挑战，是一次体育精神的庆典，还可以是什么？大二班的运动会让我们看到了运动会更多的精彩和可能性。

课程意识和儿童意识深深扎根于老师的心中。正因为有牢固的课程意识，认识到幼儿园课程的经验性，老师们才会反复思考可以从运动会活动中帮助幼儿获得哪些经验，促进幼儿哪些方面的发展；只有认识到幼儿园课程的活动性，老师们才会放手让幼儿去讨论、设计、投票、统筹安排，尽可能挖掘运动会带给幼儿的学习机会；只有认识到幼儿园课程的过程性，老师们才不会担心意外状况的产生，不期待一个完美运动会的呈现；正是因为有牢固而正确的儿童意识，老师们才会始终尊重和理解幼儿，在幼儿没有遵循常理选择拿手的项目时相信幼儿，在幼儿没有做好发言准备的时候静静等待。

在正确的课程意识和儿童意识的引导下，鹤琴幼儿园的这一场运动会让我们看到了儿童的力量。幼儿可以互相商量，作出决定，可以进行设计，可以完成一场运动会的组织和筹备。而幼儿之所以能够展现出无限的可能性，是因为教师信任幼儿，真正做到了放手，所有幼儿自己能做的事情，都让幼儿去做。在这场运动会中，教师悄悄地退到了舞台背后，但他们并不是放弃教师的身份，而是始终在观察、在倾听、在思考、在判断、在评估、在提问、在支持……幼儿和教师的共同参与，让这场运动会真正成为他们游戏、学习和成长的盛会。

南京师范大学　刘颖

对联的故事

大三班　叶屏屏

让小朋友们自己编对联显然比让他们临摹那些“不知所云”的对联更有意义，但他们毕竟还是幼儿园的小朋友，能不能自己编出对联呢？又能编出什么样的对联呢？对此，我心里也没有底……

这个关于对联的故事要从一个“福”字开始说起……

送祝福

大班上学期，在新年即将到来的时候，我们开始装扮教室。为了让班级更有年味儿，我们挂了很多红灯笼，还拿了几张红纸想请小朋友们写几个“福”字，增加喜气。没想到，小朋友们对写毛笔字非常有热情，几乎每个人都想写。既然如此，何不满足他们的兴趣呢？于是我们在美工区提供了笔、墨、红纸、“福”字的范例，还打印了一些简单的对联供小朋友们临摹。之后的几天，小朋友们在美工区写了很多很多“福”字，还有个别小朋友尝试临摹了对联。

图 1　小朋友在写“福”字

图 2　写好的“福”字

这么多的“福”字不能浪费，怎么办呢？我们想到请小朋友们去送“福”。于是小朋友们给其他班级、保健室、门卫室等都送去了他们亲手写的“福”字，同时还送给门卫师傅一副对联。门卫师傅把对联贴在了门卫室，新年的气息扑面而来，小朋友们看着特别开心。

图 3　小朋友在临摹对联

图 4　给老师们送“福”

图 5　给门卫师傅送“福”

中午散步的时候，小朋友们经过门卫室，杨师傅说：“谢谢你们送的对联，你们知道这对联说的是什么意思吗？”这下小朋友们被问住了，因为投放在美工区的对联是我从网上搜索后打印出来请他们临摹的。杨师傅的问题让我开始思考：这个活动难道仅仅止步于满足小朋友临摹的兴趣吗？他们能不能理解自己所写的内容呢？什么样的对联更贴近他们的生活，容易让他们理解呢？这时，我转念一想：可以让小朋友们自己编对联呀！

编对联初体验

让小朋友们自己编对联显然比让他们临摹那些“不知所云”的对联更有意义，但他们毕竟还是幼儿园的小朋友，能不能自己编出对联呢？又能编出什么样的对联呢？对此，我心里也没有底。但是我想，最重要的是给小朋友机会去尝试。于是我们试着和小朋友们进行了一番讨论。

我：“之前我们送了一副对联给杨师傅，但是我们自己都不知道这副对联说的是什么意思，这是不是有点难为情呢？其实送对联就是送祝福，那么我们能不能把自己的祝福编成对联送给大家呢？”

有小朋友疑惑地问：“怎么编呢？”

我：“先说说，你们想给谁送祝福呢？”

“小吃货”瑞瑞大声说：“给大厨！因为大厨每天都给我们做饭吃！”

我：“那你们想想，可以给大厨编个什么对联呢？”

教室里突然鸦雀无声，我知道他们需要一些支持。于是我把之前梦梦在美工区临摹的对联拿出来请小朋友们欣赏，告诉他们对联是由两句话组成的，一般每句话可以有五个字或者七个字。给大厨编对联的话，就可以用两句话夸一夸大厨。听了我的解释，小朋友开始编对联。

团团：“大厨做饭好吃。”

我：“这说明他的厨艺很好，用五个字可以怎么说呢？”

瀚瀚：“厨艺棒棒哒！”

我：“很好哎！那下联呢？”

涵涵：“老师，什么是下联？”

我趁机开始介绍：“对联一般都是一对，也就是两句话，第一句叫上联，第二句叫下联。你们刚说的‘厨艺棒棒哒’就可以当作上联，可是还需要一句下联哦。”

瑞瑞：“做菜顶呱呱！”

我：“哇！也是5个字，而且大厨做菜确实顶呱呱！”

虽然这副对联并不对仗，但这是小朋友们第一次编对联，我想先以鼓励为主，让他们保持兴趣，后面再引导他们逐步了解编对联的规则，于是便将这副对联记了下来。

我：“你们还想给谁编对联呢？”

几个小朋友同时说：“聂师傅！”

后勤部门的聂师傅经常帮小朋友们解决问题，是小朋友们心中的“百科全书”，他们会给聂师傅编怎样的对联呢？

我：“你们想给聂师傅送什么祝福或者感谢呢？”

熙熙：“好像有点难啊！”

我：“想想聂师傅每天在做什么。”

小朋友："种菜，种花。"

我："对，我们夸聂师傅厉害的时候都说他是种植专家。"

基于刚刚给大厨编对联的经验，有小朋友说道："种植专家顶呱呱。"

我："真的很棒！聂师傅帮我们种菜、种花，是顶呱呱的种植专家。另外，他还帮我们修各种东西，做各种事情，说明他是在为我们——"

小朋友："服务。"

我："他在哪里服务呢？"

小朋友："幼儿园里啊。"

我："所以下联可以编'园内服务——'怎么样呢？"

轩轩："人人夸。"

我："哇，太棒了！你们给聂师傅的对联也编好了，不愧是大班小朋友！"

接着贝贝说她编了一句话送给全园老师："老师上班辛苦啦！"

我："这是七个字的上联，下联是什么？"

毛毛："学生玩得很开心。"

我："嗯，'老师'对'学生'，这一点很好。不过我们幼儿园老师一般叫你们'孩子'，不叫'学生'哦。"

毛毛："孩子玩得很开心。"

我决定趁这个机会试着让小朋友们了解上下联对仗的特点，便说："对联要对仗工整，'老师'对'孩子'，'上班'对什么呢？"看小朋友们有些茫然，我继续启发道，"老师到幼儿园上班，你们在幼儿园干什么呢？"

壮壮："玩游戏。"

我："那下联可以怎么说呢？"

柔柔："孩子游戏很开心。"

我："'老师'对'孩子'，'上班'对'游戏'，但'辛苦啦'和'很开心'好像不太能对得上哦！"

毛毛："老师上班真辛苦！"

毛毛“反其道而行之”，改了上联，用“真辛苦”来对“很开心”，这下能对得上了。

接下来，小朋友们又相继编出了送给我们自己班级的“大三大三新年好，鹤琴鹤琴伴成长”和送给小三班的“小三（班）老师很漂亮，弟弟妹妹真可爱”……

能看出小朋友们在努力使上下联对仗，但让他们完全理解并做到对仗显然比较难，我也不想让小朋友们因此产生畏难情绪，便没有再强调这一点，因为此时更重要的是让他们有持续表达的兴趣。

之后，小朋友们迫不及待地临摹了这几副对联并送了出去。

图 6　小朋友在临摹大家一起编写的对联

图 7　给大厨送对联

图 8　给聂师傅送对联

图 9　送给小三班的对联

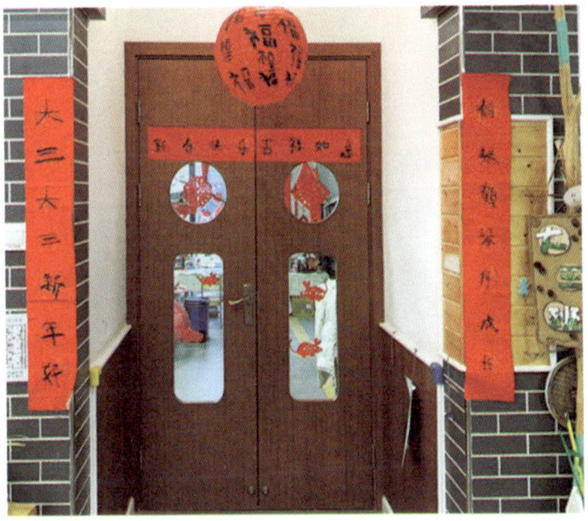

图 10　给我们自己班级的对联

虽然小朋友们编写的对联不讲究对仗，更没有遵守平仄规则，但都是他们基于对他人的了解和关心表达出来的最真诚的祝福，这是最可贵的，也是我们进行编对联活动的初衷。而且，小朋友们通过集体讨论来编写对联这个过程需要他们思考、倾听、交流，甚至会引发辩论，涉及多方面的发展。更重要的是，通过为身边的人编写对联，他们能更加了解和关心这些与他们的生活息息相关的人，从而获得社会领域的长足发展，更加热爱生活。而写对联同样也考验着他们的空间感知能力（如何把一个字写在纸张正中间）、观察能力（如何把一个字临摹下来）、精细动作水平、耐心，等等。因此，我们觉得这个活动非常值得继续下去，于是我们围绕对联与小朋友们展开了第二次讨论。

正式编对联

我："昨天我们给大厨师傅、聂师傅和小三班送了我们自己编的对联，你们还想给谁送对联呢？"

小朋友们七嘴八舌地说："园长伯伯，园长妈妈，李老师，保健老师，叶老师，韩老师……"我则在小黑板上帮他们进行记录。

有小朋友说要先给李老师编对联。李老师是管理幼儿园资源室的老师，小朋友们经常去资源室找李老师借各种材料，更重要的是，李老师是我们班菡萏小朋友的妈妈，所以大家和李老师很熟。

我："那给李老师编什么样的对联呢？"

梦梦："李老师新年好。"

土豆："李老师辛苦啦。"

我："一般对联的上联和下联不会出现同样的词哦，而且'辛苦啦'和'新年好'昨天都用过了，能不能再想想？"

在几秒钟的沉默之后，牛牛大声说："李老师是个女汉子。"

李老师平时很乐于助人，常常会搬运一些比较重的材料，偶尔也会开玩笑地自称"女汉子"，牛牛能想到这一点，说明他注意到了这些细节。

听到牛牛这么说，小朋友们都笑了起来，只有菡萏不太开心地说："不行，这样不礼貌，不尊重人！"

因为"女汉子"这个流行词汇有一种开玩笑的意味，可能小朋友们也觉察到了这一点，所以菡萏并不希望别人说自己的妈妈是女汉子。

我："菡萏好像不喜欢你们这样说李老师，可以调整一下吗？"

苹果："改成'魔法屋'。李老师说资源室就像魔法屋，想要什么都可以变出来。"

我很惊喜，她把李老师的工作内容用到了对联上，于是非常期待地问："那应该怎么编呢？"

苹果想了想说："李老师有魔法屋。"

我："不错。那下联呢？"

小朋友们再次陷入了沉默……

我："你们知道李老师平时做什么吗？"

菡萏自信地说："采购！"

我："你们知道'采购'是什么意思吗？"

果果："买东西。"

我："那下联能不能用'采购'来说呢？"

菡萏得意地说："采购她最厉害。"

我："上联'李老师有魔法屋'有七个字，那下联也要七个字哦。"

毛毛："资源采购她最厉害。"

元元掰着手指头数了一下："啊！已经八个字啦！"

毛毛："资源采购她最棒。"

我："李老师有魔法屋，资源采购她最棒。你们觉得可以吗？"

小朋友们大声说："可以！"

考虑到刚刚菡萏有点不开心，我又单独问她："你觉得可以吗？"这一次菡萏开心地点了点头。

其实我知道菡萏是很满意这副对联的，但还是特地问了一次，因为我希望小朋友们了解做任何事情都要考虑别人的感受。

而其他小朋友对这副对联也十分满意，他们的兴趣越来越浓，迫不及待地开始给他们喜欢的园长伯伯编对联。

土豆："园长伯伯真潇洒。"

小奕："园长伯伯真帅气。"

我："那下联呢？"

大米奇："每天陪我上学校。"

牛牛反驳说："每天陪我们上学的是家长！"

我："那园长伯伯每天做什么事呢？"

苹果："我小班的时候他会抱我。"

没想到小班的事情苹果还记得，可能每一个充满关爱的拥抱对孩子来说都是难忘的温暖回忆。

土豆："园长伯伯要打印文件。"

毛毛："他会给老师们开会。"

小奕："他每天记录我们的表现。"

看来，小朋友们对园长伯伯的工作还是有一定了解的呢！

可能是意识到园长伯伯每天有好多工作要做，大米奇有感而发：“园长伯伯真辛苦。”

毛毛受到启发，说道：“园长伯伯真辛苦，我们应该照顾他。”

苹果反驳说：“园长伯伯还没完全老，为什么要照顾他呢？等我们长大了，园长伯伯很老了，我们再照顾才对。”接着她说出了自己编的对联：“园长伯伯真帅气，鹤琴鹤琴为他笑。”

墨朗反驳说：“鹤琴又不是人，怎么笑呀？”（墨朗理解的“鹤琴”是鹤琴幼儿园。）

考虑到并不是所有小朋友都了解我们幼儿园名字的来源，于是我附和道：“也是哦，可以怎么调整呢？”

苹果知道我们幼儿园的名字来自陈鹤琴爷爷，所以她坚持自己的思路：“鹤琴爷爷已经很老了。我想到了！研究鹤琴老古董！”

我：“我们说的‘鹤琴’是我们的鹤琴幼儿园，而且说鹤琴爷爷是老古董不是太礼貌哦。”（之后，在回顾这段对话的时候，我意识到自己当时的回应并不太合适。因为苹果认为古董是古老而有价值的东西，鹤琴爷爷是老师的老

图 11　送给李老师的对联

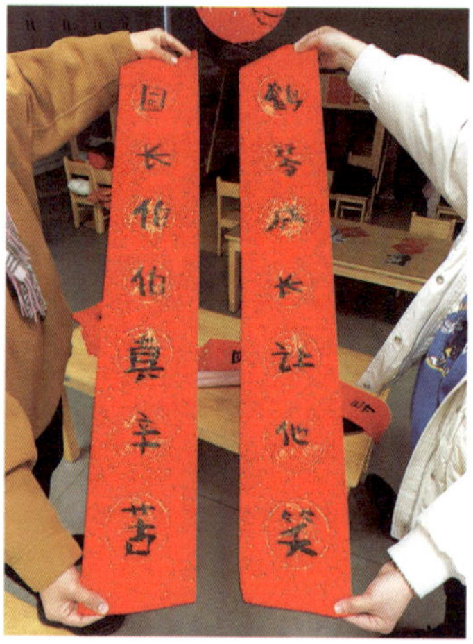

图 12　给园长伯伯的对联

师的老师，是很老很老的人，而且很有学问，“老古董”正是基于此意的天真表达。事实上，我们老师一直在园长伯伯的带领下研究、践行着陈鹤琴思想，这么看来，苹果的下联是很贴合实际的。）

牛牛：“应该是‘鹤琴鹤琴让他笑’。”

最终，送给园长伯伯的对联确定为“园长伯伯真辛苦，鹤琴成长让他笑”。

在这次编对联活动中，我们看到小朋友们已经慢慢了解了对联的意义，他们知道了送给不同的人的对联要有不一样的内容，每副对联背后都有他们的思考，都是他们思维碰撞的结果，这个过程也让他们感受到了编对联很有意思！而看到他们沉浸在编对联活动中，能积极地、有理有据地表达自己的观点，我也感到很开心。

当编对联遇到“瓶颈期”

之前我们给小三班送了对联，小二班小朋友知道后也想要，于是我们开始给小二班编对联。

毛毛：“小二（班）老师新年快乐。”

苹果：“弟弟妹妹真可爱。”

牛牛：“这和小三班的差不多了。”

我：“我们给小三班的对联是‘小三（班）老师很漂亮，弟弟妹妹真可爱’，确实差不多。能不能变化一下呢？”

毛毛：“小二（班）老师不一般，弟弟妹妹知识多。”

牛牛：“这个可以！”

苹果站起来直摇手：“不不不，不可以！”

我：“为什么呢？”

苹果：“我们是大三班小朋友，我们比弟弟妹妹的知识更多。”

牛牛：“也不能再说可爱了，我们已经说小三班可爱了。”

土豆："我们已经想不出来了……"

小朋友们毕竟词汇量有限，而且前面他们已经给比较熟悉的人都编了对联，我能感觉到他们有些"编不动"了，就连我自己都觉得在引导上有点力不从心了。我想，暂时停下来未必是件坏事，于是对小朋友们说："想不出来就暂时放一放，我们可以下次再编。"

同时我也在思考突破瓶颈的方法，没想到机会很快就来了！其他班级的老师知道我们最近在编对联后，特地带着小朋友们到我们班来参观，我们班小朋友的自豪感一下就被激发了出来，编对联的热情又被点燃了。他们想给来参观的小一班和中二班各编一副对联，但怎么编才能真正贴近这两个班的特点呢？

图 13　其他班级来参观

我："你们知道小一班和中二班是什么样的吗？"

小朋友们摇摇头："不知道。"

小一班和中二班跟我们班不在一个楼层，平时确实接触得不多。

我："那应该怎么办呢？"

毛毛："我们去看看就知道了。"

大家都表示赞同，于是毛毛和二宝被选为代表，去这两个班参观，以了解情况。本来我想请他们把看到的情况讲给大家听，然后和大家一起编对联，但两个人回来后说他们已经编好了。我不由得感慨——小朋友在不知不觉中已经拥有了粗浅的编对联的经验，能够独立编对联了。

毛毛："小一（班）老师知识多，弟弟妹妹爱玩车。"

我："为什么这样编呢？"

毛毛："因为小一班有很多车。"（小班最近在开展关于车的主题活动。）

我："嗯，你们观察得真仔细，那中二班呢？"

二宝："中二（班）老师手工好，弟弟妹妹本领多。"

我："为什么这样编呢？"

二宝："因为中二班有很多窗花，比我们班的还要好看，他们的老师手工很厉害，弟弟妹妹的本领也一定很多。"

虽然只是去两个班级转了一圈，但是他们抓住了两个班级的特色，并且根据这些特色独立完成了对联，真的是很会学以致用呀！

后来，小朋友们又为保健老师编写了对联："保健老师真辛苦，天天给我做晨检。"还在参观了解会计室之后，为会计老师编写了对联："赚钱不容易，算账真辛苦。"

从一开始需要老师不停地与他们互动进行引导，到现在只要老师偶尔支持一下，甚至根本不需要支持，小朋友们就可以自己编出对联，在这个过程中，我能明显看到他们在真实生活中基于真实学习的成长。

因为有了编对联的经验，所以在和小朋友们讨论过年应该做哪些事的时候，我们又特地就对联进行了重点讨论。小朋友们了解到，原来对联不只有五字联和七字联，还有四字、六字、八字、九字、十字等不同字数的对联。

就这样，这个新年，幼儿园里几乎每个班级、每个部门都贴上了来自大三班小朋友的原创对联，收到了我们的真诚祝福。

后记：对联里的四代情

在小朋友们如火如荼地进行编对联活动的过程中，还发生了一件令我难忘的事，这里面饱含了与鹤琴幼儿园有关的几代教师对儿童的真挚情感和对儿童教育的热情，因此，我将这件事记录在这儿。

一天，晨间锻炼结束回班后，我发现美工区的桌子上多了几个毛笔字——“鹤琴幼儿园老师们辛苦了”。经了解才知道，是西西的爸爸早上送西西入园的时候，看到美工区有很多对联，突然有了兴致，便提笔写了这几个字。

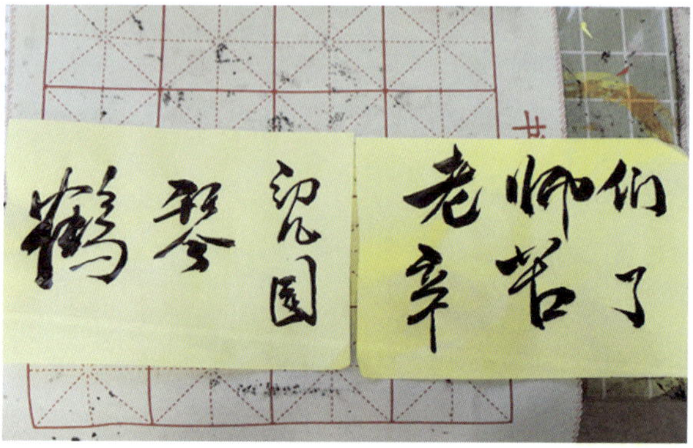

图 14　西西爸爸写的毛笔字

简单的几个字让我们感受到家长的理解、支持和信任。感动之余，我也受到启发：总是看着小朋友们编对联，我却从没有尝试过自己编对联……我也要尝试编对联！

编什么对联呢？我一边整理东西一边思考着……当看到幼儿园大厅墙上赵寄石老师题写的“活教育　全儿童”几个字时，我突然有了灵感——活学活用活教育，全心全意全儿童！回班后，我赶紧请小朋友帮我将这副对联誊写下来。

图 15　请小朋友誊写我编的对联

图 16　对联写好啦

后来，在去医院看望赵寄石老师的时候，我带上了这副对联，跟她讲了对联的故事，还请她为这副对联加一个横批。赵老师想了想，说道：“为儿童服务。”

听到这个横批，我非常感动，98 岁高龄的赵老师心中想的还是孩子们。我笑着说：“可是横批一般都是四个字哦！再想一个吧！”

赵老师说自己想不出来了，让我待会儿请她的学生、我的老师——虞永平老师来想（虞老师几乎每天晚上都会去医院看望赵老师），还让我请虞老师把这副对联重新写一遍。

图 17　心系儿童的赵寄石老师

我说：“虞老师是我的老师，我可不敢请他写。”赵老师和蔼地说：“正因为他是老师，所以才更应该为学生写。”赵老师的话让我更加明白教师这个职业的意义。

后来，虞永平老师向我们展示了他亲笔书写的对联，上面还特别注明“遵赵寄石老师嘱题写”。虞老师说：“赵老师跟我复述了鹤琴幼儿园的对联的故事。我答应她会把对联写好，并且送到鹤琴幼儿园。”

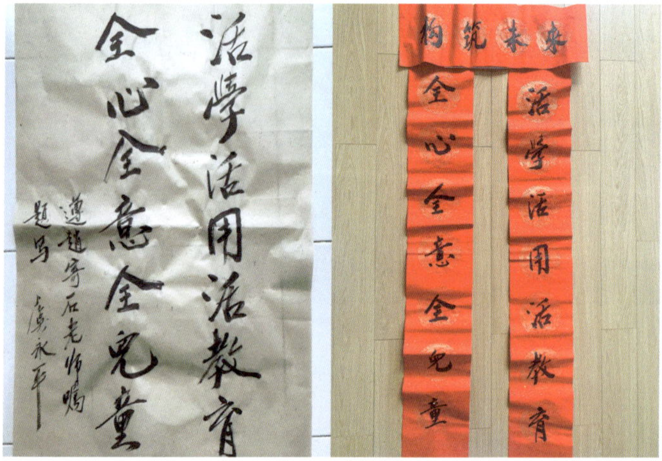

图 18　虞老师书写的对联

张俊园长听我完整地讲述了这个故事后，感慨地说：这是一副嵌入了鹤琴幼儿园园训的对联，这也是一副传递了四代人对幼教事业感情的对联。它是鹤琴传人专业情怀的展示，更是鹤琴传人师生情谊的展示。它值得我们珍藏，更值得我们记在心里，成为我们未来前进的力量。

感悟与反思

1. 从生活小事中思考课程的可能性

为了迎接新年，我们和小朋友们一起装饰班级环境，这是生活。当小朋友们对写“福”字产生兴趣的时候，我们想的是如何满足小朋友们的兴趣，而不再是为了装饰教室而进行活动。当小朋友们把自己临摹的对联送给周围的人并获得反馈时，真实的社会交往开始促使我们思考：我们正在做的事能不能让小朋友们获得更多的学习机会？在尝试与小朋友们进行讨论后，我们发现他们有进一步探究的兴趣和意愿，并且在某种意义上他们是可以“编”出“对联”来的。自此开始，从临摹到创编，对联从“孩子们感兴趣的事”

变成了课程活动，而这源于我们对真实生活的关注和重视。编对联活动让我们再一次深刻地体会到什么是“一日生活皆课程”。只要我们用心关注生活，用心发现孩子们的兴趣，用心思考孩子们可能的经验生长点，生活中的很多事物都可以成为学习资源、学习载体，也可以成为课程的起点。

2. 引导幼儿主动感受前书写的魅力

无论是一开始为了满足幼儿的兴趣给他们提供写“福”字的机会，还是我们发现幼儿对编对联感兴趣后从课程的角度推动幼儿临摹对联，写字这件事自始至终存在于我们的实践中。也许很多老师会问：“这样的行为在幼儿园里不是意味着小学化倾向吗？”从我们的角度来说，不是的。我们认为，在幼儿园里，不提倡“教”文字并不是要刻意回避文字，而是要用适合幼儿的方式引导幼儿学习文字。因为在写之前，幼儿基于对身边人的了解而编出对联的内容，这样的对联更像是一种基于兴趣的自发表达。在写对联这个环节，老师自始至终没有从写字规范的角度来要求幼儿，只是让幼儿在编对联之后自行决定是否参与。在写对联的过程中，幼儿懵懂理解汉字传情达意的作用，在临摹写字的过程中，幼儿逐渐感受到画和写的不一样，也在相互观摩中探索怎样写字更好看，这激发了他们学习书写的内驱力。虽然我们并没有刻意教幼儿写字，但在编写对联的课程中，幼儿的确真实感受到了前书写的魅力。

3. 关注幼儿的情感在课程中的价值

“对联”课程之所以能够生成并推进，除了幼儿的兴趣外，另一个很重要的因素是幼儿的情感。从一开始为门卫师傅编对联，幼儿发现这就是一种祝福以后，便开启了给全园送对联的活动。因为幼儿在幼儿园会和不同的班级、不同的人产生不同的交往，在共同生活的过程中，他们感受到被关心、被关爱，也同样希望将爱与温暖送给别人。但编对联的过程并不是一帆风顺的，他们遇到了“瓶颈期”，假如老师没有继续给予支持，也许活动就此停止了。但我们看到了他们很想把祝福送给别人的情感需求，所以支持、鼓励孩子们坚持将对联编下去。因为有这样的情感纽带，“对联”课程得以生成并不断推进。

4. 丰富教师自身多方面的文化素养

过年贴对联是我们的传统习俗，是传统文化的一部分，在幼儿园开展编对联、写对联活动，一定程度上也是在引导幼儿了解我们的传统文化。在活动中，我们尽量将其中的精华传递给幼儿，如跟幼儿讲有关对联的故事，引导幼儿关注对联的结构特点。但当幼儿遭遇编对联的“瓶颈期”后，我们也意识到，如果我们的活动仅仅停留在编对联和写对联的层面，这对孩子来说或许是一种“重复劳动”。

在后来的课程研讨中，张俊老师指出，对联作为中国传统文化的一部分，是值得幼儿深入探究的。这让我们进一步意识到，我们在这个活动中还缺乏进一步渗透传统文化的意识，并没有真正把对联当作一种传统文化来组织和开展活动。究其原因，是我们老师自身的文化素养积累不够，无法用合适的方式将传统文化的精华更好地介绍给幼儿。这给我们一个启发：教师平时除了要学习专业知识以外，还要积累各方面的文化知识，提升自身的文化素养，这样才能够支持幼儿更深入地学习、了解中国传统文化，让传统文化滋养幼儿的心灵和生活。

专家点评

这是一个南京市鹤琴幼儿园大三班幼儿感受民俗对联文化，尝试编对联、写对联并送对联的故事。里面蕴含了多维度的学习，幼儿可获得多方面的经验。

文化是民族的血脉和基因。传承优秀民族文化是教育的重要责任。教育就是人文化的过程。幼儿在春节到来之际，对对联感兴趣，教师适度引导，让幼儿在参与编对联的过程中逐步感受到对联的要求和趣味，从而更激发了他们编对联的热情。文化不是灌输的，而是在尝试和体验中感受到的。

送对联是民俗文化的重要组成部分。送给谁，写什么，是与幼儿的现实生活联系在一起的。现实生活中谁在关心和帮助我们，谁是我们最记挂的，这是幼儿选择赠送对象的标准。在对联上写上感恩、祝福，既能引发幼儿的感恩、关切之情，也能引导幼儿更深入地了解和感受他人付出的劳动。这也是社会学习的重要途径。

对大班幼儿来说，编对联是力所能及的，同时也有一定的挑战性。对联是相对规范的语言，而且因赠送的对象不同，内容也要不同，因此考验的不只是语言能力，还有对特定对象工作和行为特点的了解。这种语言是变化的、生活的，加上字数的约束，还要有适度的对仗，确实有一定的难度。可喜的是，幼儿通过运用集体智慧，基本掌握了、表达出了适合的语句，实现了自己的心愿。

课程在生活里，也在文化里。课程是综合性的学习。

南京师范大学　虞永平

“丢三落四大王”

——良好行为习惯养成记

大四班　林琳

不久后的一天，孩子们参观小学回来后，我看到团团趴在地上，好像在照着书上的“丢三落四排行榜”画表格。终于有孩子对这个活动感兴趣并主动发起了！我意识到这是一个很好的契机，便赶紧上前询问他在做什么，为什么要这样做。

大班下学期，我们班开展了“你好，小学”主题活动，帮助小朋友们为即将到来的小学生活做准备。小朋友们从家里带来了很多关于小学的图画书，每天午睡前，我们都会用这些图画书给他们讲睡前故事。这天，我拿了一本叫《上学不再丢三落四》的图画书，把其中的故事讲给小朋友们听。故事里的主角小健总是丢三落四，经常忘记带老师让他带的东西，同学们为了帮助他改掉这个缺点，就制作了“丢三落四排行榜”：在大大的表格下方写上每个人的名字，只要有人忘带东西了，就用笔在这个人名字上方的格子里涂一格，表示“粗心值”上涨。一段时间后，小健因为粗心值“遥遥领先”而被同学们封为“丢三落四大王”，小健害羞得满脸通红，最后慢慢改掉了丢三落四的坏习惯。

这个故事生动有趣，小朋友们听得津津有味。放学前，我们再次完整地欣赏了这本图画书，并讨论了故事的内容。我问孩子们想不想当“丢三落四大王”，本以为小朋友们会因为觉得有趣而想当“大王”，但出乎我意料的是，他们都表示不想当，因为他们觉得“丢三落四大王”虽然是“大王”，却是不好的“大王”。

图1　图画书《上学不再丢三落四》里的“丢三落四排行榜”

虽然小朋友们都不想当“丢三落四大王”，但其实我们班的很多小朋友也和故事里的主角小健一样经常丢三落四，比如忘记带学校发的通知单，忘记带书包，还会忘记自己应该完成的任务（如忘记将小椅子归位，画完画忘记收拾画笔等）。这些问题都是在幼小衔接的过程中需要关注的，老师们为此感到头疼，也想过很多办法来解决，比如设置了每个小朋友的“专属座位”，这样就可以清楚地知道是哪个小朋友没有把椅子收好，从而对他进行提醒；跟小朋友们讨论丢三落四的问题，还在值日生活动中特意设置了“提醒员”的岗位，希望让“提醒员”去提醒其他小朋友搬椅子、收东西。但这些措施收效都不明显，很多时候还需要老师提醒“提醒员”去提醒其他小朋友。

所以看完这本书后，我也很想在班上做一个这样的排行榜，帮助小朋友们养成良好的行为习惯，不再丢三落四。但我担心这个活动会像设置“提醒员”一样，由于是老师单方面的主张而让小朋友们有压力、不感兴趣，所以决定先观望观望，进一步了解一下小朋友们的想法。于是，我将这本图画书放在书架上显眼的位置，鼓励小朋友们自主阅读。

同时，我也在思考其他能够帮助小朋友们不再丢三落四的方法。读完故事的第二天，正好有一份通知需要小朋友们带回家，请家长在回执单上签字，再带来幼儿园，但有一部分小朋友没能完成这个任务。为了提高小朋友们的任务意识，帮助他们学会更多不丢三落四的办法，我抓住契机开展了“我会记任务”的集体活动。我先请完成了任务和没有完成任务的小朋友分别说一说自己的感受。完成任务的小朋友表示很自豪，觉得自己很能干；没有完成任务的小朋友则表示自己感到很紧张、很难过。通过这样的谈话，小朋友们更加明确地意识到：丢三落四、完不成任务会对自己有一些不好的影响，而认真完成任务则会使自己很开心。

另外，我还请完成任务的小朋友分享了自己记任务的方法。有的小朋友说自己一回家就拿给妈妈签字了，有的说自己把回执单放在外套口袋里，这样一掏口袋就想起来了，还有的说他把任务画下来就不会忘记了。通过这次讨论，小朋友们更加关注自己和同伴丢三落四的行为了。

“丢三落四排行榜”1.0 版

图 2　团团介绍自己绘制的“丢三落四排行榜”

不久后的一天，我们大班组织了参观小学的活动，回来后，我看到团团小朋友趴在地上，正照着书上的“丢三落四排行榜”画表格。终于有孩子对这个活动感兴趣并主动发起了！我意识到这是一个很好的契机，便赶紧上前询问他在做什么。团团说他们小组的小禾在小学里把采访哥哥姐姐的记录单丢了，他要像书里一样画一张“丢三落四排行榜”给小禾涂格子。我非常惊喜，但还是谨慎地问道：“小禾同意这样做吗？”团团说：“同意的，但是要从明天开始算。”“为什么呢？”我好奇地问。团团边画边说：“因为小禾希望能再给他一次机会。”通过和团团的对话，我进一步认识到了儿童强大的自主性和图画书的影响力。

为了方便保管和随时看到排行榜的情况，我把团团画的排行榜放在了他们小组的透明桌垫下面，团团小组的其他小朋友也欣然同意参加“考核”。就这样，团团所在的小组率先开启了“丢三落四大王”的活动，他们小组的排行榜也成了全班的焦点，一日生活各环节的过渡时间，孩子们经常去团团组的桌子上看一看排行榜的情况。小朋友们是好模仿的，很快，其他小组也都加入了活动，绘制了自己小组的排行榜。于是，“丢三落四大王”活动在大四班全面展开了。

这次活动是小朋友们自主发起的，我也希望他们能充分发挥主观能动性，成为活动的主人，因此在活动初期我基本没有干预，从画表格到涂“粗心值”格子都是他们自主完成的。至于什么情况会被涂“粗心值”格子，我们也没有展开讨论，但小朋友们似乎默契地达成了共识：忘记做自己本应该做的事情就要被涂上一格。另外，我还发现每个组的排行榜上，“粗心值”的格子数量是不一样的，但我没有直接告诉孩子们，而是想给孩子们一点时间，让他们能够自己发现问题后再讨论。

活动开展后没几天，就有好几位小朋友跑过来告诉我，他们组 ××× 的“粗心值”已经满格了，××× 是“丢三落四大王”。班里共有五个小组，其中有三个小组都产生了“丢三落四大王”，因为他们的格子都已经被涂满了。我想，对这个活动进行阶段性总结的机会到啦，因此我组织小朋友们就排行榜的情况展开了第一次讨论。

我把每个组的排行榜都拿给孩子们看，没有被涂“粗心值”格子的小朋友都很开心，而看到自己的“粗心值”格子被涂满的小朋友脸上则露出了懊恼的神情。当我们说到第一组的排行榜中小禾的 6 个格子都被涂满了的时候，沁沁突然说：“我们组是 10 格的。”小朋友们这才发现，原来每个组画的排行榜中每列的格数是不一样的，有 6 格的、8 格的、10 格的，还有十几格的，而且各组开始记录的时间也不一样。大家都觉得这样不太公平。经过讨论，我们决定统一各组排行榜的格数，重新开始记录，并通过投票选择了将每列 10 格作为标准。我问小朋友们为什么都选择 10 格，不选 6 格、8 格，小朋友们表示，这样机会就多一些，不会那么快成为“大王”。这让我意识到小朋友们对自己的能力和

图 3 “丢三落四排行榜”1.0 版

需求也是有一定的了解和评估的，而且小朋友们都对自己有较高的要求，不愿意当不好的“大王”。

此外，在讨论中我们还发现了一些问题：有的小朋友因为同一个行为被不同的小朋友重复涂了“粗心值”格子，有的小朋友被涂了“粗心值”格子却不知道自己为什么被涂，还有的小朋友认为自己不应该被涂“粗心值”格子，等等。对于这些问题，我们也展开了讨论：“到底该怎么涂格子呢？”小朋友们你一言我一语，最后达成了共识：在给别人涂格子之前，必须告诉被涂的人，并且说清楚他被涂的原因，两个人达成共识后才可以涂。这样既能解决错涂、重复涂的问题，又能提高小朋友的协商能力，还能让他们明确知道自己被涂格子的原因，避免下次再犯类似的错误。

通过这次讨论，我们共同解决了活动中凸显出来的两个问题。之后，各小组重新制作了新版本的“丢三落四排行榜”（2.0 版），开启了新一轮的记录。

“丢三落四排行榜”2.0 版

自从“丢三落四大王”活动正式在全班开展起来后，小朋友们的积极性一直非常高，他们主动地互相监督、提醒，基本上不需要老师和“提醒员”再去提醒，而且小朋友们都非常珍惜自己的空白格子，不想当“大王”，做事情变得越来越认真、仔细，班里丢三落四的现象已经明显减少了。

一天，我看到开心果和悠悠两个小朋友在争执，便上前询问。悠悠说开心果给他涂了两个格子，他不同意。我问开心果为什么给悠悠涂两格，开心果说：“悠悠画完画，笔和椅子都没收起来。”我忍不住在心里偷笑，感叹小朋友们真是比老师还要严格啊。看到悠悠伤心难过的样子，我有点不忍心，觉得这件事还有回旋的余地，想帮悠悠多争取一次机会，于是和开心果商量：“这两样东西都是在一次活动里忘记的，能不能只涂一格，多给悠悠一次机会呢？”开心果想了想，表示同意，悠悠非常开心。

过了几天，悠悠突然流着泪来找我，我很惊讶，因为悠悠几乎没有在幼儿园哭过。我问他怎么了，他委屈地说开心果又给他涂了一个格子。开心果跟过来说：“美工区，悠悠的画笔没有收！”悠悠说：“我今天没有用画笔画画。”真奇怪，悠悠没用画笔，那他的画笔怎么会出现在桌子上呢？想到平时小朋友之间会互相借用画笔，我问道：“那会不会是别人用的呢？”悠悠想了想说可能是涵涵用的。于是，我们三个一起去问涵涵，才知道真的是涵涵借用画笔后忘记收起来了。终于破了案，开心果划掉了悠悠的一格“粗心值”，悠悠也重新露出了笑脸。

在老师们眼中，悠悠一直是一个大大咧咧、不太注意细节的小朋友，但通过这两次事件，我们对悠悠有了新的认识，看到了他对这个活动的重视，也看到了他的成长和进步，让我们收获了很多惊喜。

图 4 “丢三落四排行榜”2.0 版

一段时间后，又有两个小朋友的“粗心值”格子被涂满了，这意味着新一轮的“大王”产生了。通过和第一次排行榜的结果进行比较，我发现“粗心值”比较高的一直是那几位小朋友，还有一位小朋友两次都是“大王”。我想进一步发挥排行榜的提醒作用，让小朋友们清楚地看到自己的问题和进步，于是我再次组织了讨论。

这次，我先抛出了问题：“每次出现‘丢三落四大王’之后我们就需要更换排行榜，那如果我们忘记了前面谁是‘大王’，怎么办？”沁沁很快提出：“可以做一张表格记录下来，就不会忘记了。”其他小朋友也表示赞同。另外还有一个问题：“当了‘大王’之后呢？我们需不需要有一些措施？”我把这个令人纠结的问题抛给孩子们。刚开始汤圆想到了一个办法，她在美工区做了一顶王冠，说谁当了“大王”就要戴着这个王冠，但小朋友们都不同意，他们都不想戴这个王冠。后来，又有小朋友提出了一个更温和的方法：谁当了“大王”就在谁的名字后面画一个王冠标志，大家都同意这个办法。因此我帮他们做了一张记录“丢三落四排行榜”结果的表格，每次排行榜上出现了“大王”，就要在表格上给“大王”画一个蓝色的王冠，以此勉励他们早日“摘掉”这个王冠。

图 5　记录排行榜结果

除此之外，小朋友们还注意到有几个小朋友一格“粗心值”都没有，大家觉得他们真是太厉害了，也应该记录下来，还要给他们奖励。这个提议很好，适当的奖励不仅能鼓励“零粗心值”的小朋友继续保持，也能勉励其他小朋友更加注意平时的行为习惯，争取做到“零粗心值”。于是与“大王”的蓝色王冠标志相对，我们决定给每次做到“零粗心值”的小朋友画一个红色的笑脸标志。

那怎么奖励这些小朋友呢？大家提了很多很好的建议，有的说可以让他们领操，有的说散步的时候可以让他们排第一排，还有的说可以奖励小贴画给他们。孩子们都很想要小贴画，但是老师发现班上的小贴画用完了，有小朋友自发提出从家里带小贴画来分享，这个想法得到了大家的热烈响应，很多小朋友都从家里带来了漂亮的贴画。后来有小朋友得到贴画的时候，带贴画来的小朋友也非常自豪，说：“他选的是我的贴画！”比自己得了贴画还要开心。另外，可可还贡献出了自己的玩具宝石当作奖品，漂亮的“宝石”一下子成了最受欢迎的奖品。但“宝石”数量有限，所以获得“宝石”的条件要严格一点。经过讨论，我们决定：只有连续三次活动都能保持“零粗心值”

的小朋友才能获得一颗“宝石”。我想，以前发小礼品都是老师发给小朋友们的，但这一次，小朋友们自己带礼物来分享，更全面地参与到这个活动中，真正成了活动的主人。

通过这次讨论，我们又解决了一些问题，活动变得越来越规范了，大家也迫不及待地开启了第三次排行榜活动。

“丢三落四排行榜”3.0 版

增加奖励措施后，我们发现小朋友们对活动更上心了，对丢三落四的行为也更加敏感了，连我们老师都成了“考核对象”。一天午餐后，班上的曹老师吃完饭忘记搬椅子回原位，团团提出建议，老师也会丢三落四，要给老师们也做一张“丢三落四排行榜”。我心里想：这还不简单嘛，我肯定不会被涂“粗心值”的，还可以趁机展示一下老师的厉害，鼓励小朋友们不要丢三落四。另外，看到小朋友们都这么在意这个活动，我也想亲身参与，了解他们的想法和感受。于是小朋友们给班里的三个老师也做了一张“丢三落四排行榜”。

图 6　老师的“丢三落四排行榜”

我发现，自从有了老师的排行榜后，我做事变得更加仔细了，因为孩子们都会看到我的行为，我不想在他们面前丢脸。但是，人总有粗心大意的时候，有一天吃完午饭，我也忘记搬椅子了，小朋友立马就发现了，并且给我涂了一格“粗心值”。虽然我嘴上说没事，才一格，但是心里也会有小小的懊恼，接下来我变得更加小心，没有再被涂“粗心值”格子。通过亲身体验，我也更加了解小朋友们的想法和感受了，虽然被涂格子看起来没有什么，但真正被涂的时候，还是有点难过的。同时，我也感受到这个活动确实很有意思，也很有挑战性。

后来，老师们充分拓展这个活动的内容，将更多行为习惯纳为“考核项目”。比如，当时班上很多小朋友吃完饭总是忘记清理自己的桌面，保育老师每次都要不停地提醒。看到“丢三落四排行榜”活动很有成效，保育老师便很有心地提出：吃完饭忘记清理桌面的小朋友也要被涂一格“粗心值”。小朋友们觉得这个要求很合理，都表示了同意。

增加新项目的第二天就发生了一件让我印象深刻的事情。这天吃完饭，汤圆偷偷告诉我七喜吃完玉米后忘记把垃圾扔掉了，应该被涂一格。我有点犹豫，因为七喜到目前为止一直保持着“零粗心值”的记录，如果这次汤圆能“网开一面”，七喜很可能获得大奖——“宝石”，这是非常不容易的。我担心现在被涂格子会影响七喜的积极性，因此一时不知该如何决定。因为之前小朋友们约定给别人涂格子之前要告知对方，于是我让汤圆去跟七喜商量，由七喜决定要不要给自己涂一格“粗心值”。七喜知道自己的问题后，也纠结了一会儿，但最后还是决定给自己涂一格。她说：“虽然我有点难过，但是没关系，这只是一个游戏，下次不要再上涨就好了。”除了七喜，佐佐也因为画完画忘记把小椅子推到桌子下面而主动给自己涂了一格。这样的高要求在我们老师看来也是很严格的，刚开始我以为小朋友们会因为想得到奖励而对自己“徇私”，但这些小朋友却给我们上了生动的一课，看到他们能够坚持遵守规则、放弃奖励，我们很为他们感到自豪。小朋友们不把这次活动当成比赛，而是当成让自己变得更好的游戏，这样的心态也值得我们学习。我把七喜和佐佐的事件分享给了全班的小朋友，希望小朋友们向他们学习，对自己严格要求的同时也要保持良好的心态。

一开始，“丢三落四大王”活动更多的是针对小朋友们忘记老师布置的任务，忘记收拾自己个人物品的问题，慢慢地，小朋友们对自己的要求不断提升，很多生活习惯逐步成为“考核项目”，如前面提到的每次吃完饭主动收拾桌面和地面，午睡的时候保持安静等。另外，通过一些事件的分享，如七喜和佐佐的事件，小朋友们对待活动的心态也越来越好，他们会努力争取“零粗心值”，但是也不逃避被涂格子，能勇敢承认自己的问题，并鼓励自己下次加油，等等。可以看出，他们在各个方面都进步了很多。

图 7 “丢三落四排行榜”3.0 版

又过了一段时间，第三次活动的“大王”也出现了，但这次活动明显比上一次持续的时间更长，而且这次只有一位“大王”。这反映出了小朋友们的进步，说明班里丢三落四的情况越来越少了。在总结讨论的时候，我们请“零粗心值”的小朋友分享了自己不丢三落四的“秘诀”。

小禾说：“我看别人做什么我就做什么，这样就不会忘记。”

团团说：“我心里有个小闹钟，一直提醒我。”

星星说：“我在家里也做了‘丢三落四排行榜’，妈妈总是‘大王’，我不像妈妈一样。”

星星的话引起了大家的共鸣，原来很多小朋友都在家里做了“丢三落四排行榜”。让我惊讶的是，前两次都是“大王”的一一小朋友表示自己也在家做了“丢三落四排行榜”，而一一在第三轮没有再次成为“大王”，这里面也许有家庭排行榜的功劳，老师和家长都为她感到高兴。

就这样，“丢三落四大王”活动在我们班一次又一次地开展着，到学期结束时一共进行了六次，孩子们一直兴趣十足，期间发生了一个又一个小故事，小朋友们也在活动中慢慢地进步，不断地成长，良好的行为习惯不再仅仅是他们为了获得奖励的手段，而逐渐成了他们自发的行为，为未来良好的学习和生活习惯奠定了基础。

感悟与反思

1. 相信幼儿，静待花开，斟酌应给予幼儿何种支持

本次活动源于一本有趣的图画书，书里有一位总是丢三落四的主人公小健，小朋友们在他身上看到了自己或同伴的影子。好的故事能让幼儿在阅读的过程中联想到自己，认识自己的行为，进而反思并改善自己的行为。贴近幼儿生活的故事往往比说教更能唤起幼儿的内驱力，但这个过程不是一蹴而就的，尤其是在习惯养成方面，我们只有将活动融入日常生活，给幼儿充足的时间去适应与调整，才能收获更长效的影响。这个活动持续了一个学期的时间，一共进行了六次“丢三落四”排名，小朋友们的表现每一次都比前一次有明显的进步。

通过本次活动，我更加理解“一日生活皆课程”这句话，生活中的事、物都可能成为课程的起点，需要我们不断提高课程敏感性，学会判断并抓住生活中的教育契机，和孩子一起，不断深度挖掘、互相碰撞，从而生成课程活动。

2. 尊重幼儿，与幼儿共情，谨记教师角色的多样性

“丢三落四大王”活动是幼儿开启的，活动规则是幼儿根据故事和自己的生活经验制定的，过程中幼儿之间互相评价，因此他们没有被成人评价的压力，而是把活动当作游戏来进行，和同伴一起，用游戏的方式逐渐提高对自我行为习惯的要求，这是老师充分尊重幼儿的结果。但是，充分尊重幼儿，让幼儿成为活动的主人，并不意味着教师可以“放任自流”，相反，教师要思考在儿童前面，以教育目标为指引，捕捉课程契机，要在活动出现问题时给予幼儿必要的帮助和指导，使活动更好地发挥作用。

另外，在活动过程中，老师的角色是丰富多样的，刚开始是观察者、支持者，在背后默默地帮助孩子们解决问题；但后来在孩子们的拉动下，老师也参与到活动中，成为被考核对象，老师能够亲身体会孩子们的想法和感受，也能更好地支持儿童发展。对于孩子们而言，他们能感受到老师不仅是教书育人的成人，也是他们的亲密伙伴，平等、友好的师幼关系更加紧密，在这样的过程中，老师和孩子们始终在一起，共同生活，共同成长。

专家点评

2021 年 3 月，教育部颁布了《幼儿园入学准备教育指导要点》，对幼儿的自我管理和服务能力、规则意识、任务意识的培养提出了要求。如何培养幼儿这些方面的能力呢？“丢三落四大王”活动有一些可供借鉴之处。

首先，老师具有较强的专业敏感性，能意识到幼儿的学习和情感需要，并恰当地作出回应。老师将幼儿感兴趣的绘本与幼儿行为习惯的养成建立联结，并抓住契机多次组织讨论，不断推动活动升级。高质量的回应不仅激发了幼儿参与活动的内在动力，也让幼儿更加信任老师，能够主动与老师分享自己的观点和想法，从而让老师更深入地了解幼儿的发展需要，形成了良性的循环。

第二，这个班的班级氛围非常平等和友爱。老师非常尊重幼儿，理解并支持幼儿的兴趣、动机、观点，鼓励幼儿自主选择、主导活动的进程。班级里孩子们之间也非常友爱，经常表现出一些积极的情感。我们能感受到幼儿是班级的主人，他们可以自由表达自己的想法，而老师总是在他们需要的时候及时出现，给予回应和支持。

再有，班级的孩子们都在争先恐后地主动成长。在一轮轮活动中，我们看到了孩子从依靠他人约束，到认识规则，再到将规则内化，并走向自我管理的过程。从被动走向主动才是行为习惯培养的理想结果。

当然，良好行为习惯的养成不是通过一次活动在一朝一夕间就能实现的，还需要老师和家长持续的关注和引导。

南京师范大学　王玲艳

图书在版编目（CIP）数据

与儿童共构课程 / 张俊主编.--南京 : 江苏凤凰教育出版社, 2024.7.--（活教育课程故事）.
ISBN 978-7-5743-1105-3
Ⅰ. G613
中国国家版本馆CIP数据核字第20242E4G20号

丛书名	活教育课程故事
书名	与儿童共构课程
主编	张 俊
策划	全人教育
出版统筹	张一聪　陈　芳　汤玮玮
责任编辑	严小英
装帧设计	蔡 宇
出版发行	江苏凤凰教育出版社（南京市湖南路1号A楼　邮编210009）
印刷	上海锦良印刷厂有限公司
厂址	上海市奉贤区恒泰路350号2幢第一层（邮编201405）
开本	787 毫米 × 1092 毫米 1/16
印张	15.5
版次	2024 年 7 月第 1 版
印次	2024 年 7 月第 1 次印刷
书号	ISBN 978-7-5743-1105-3
定价	98.00元
传真	025-86551305
客服电话	025-58351159
盗版举报	025-58351159　025-83658579